MÉMOIRES

D'UN

GUIDE OCTOGÉNAIRE

ÉCHOS

DES VALLÉES D'ALSACE ET DE LORRAINE

PAR

F.-A. ROBISCHUNG

TOURS

ALFRED MAME ET FILS

ÉDITEURS

MÉMOIRES

D'UN

GUIDE OCTOGÉNAIRE

———

1ᵉ SÉRIE GRAND IN-8ᵒ

La schlitte, traîneau dans les Vosges.

MÉMOIRES

D'UN

GUIDE OCTOGÉNAIRE

ÉCHOS

DES VALLÉES D'ALSACE ET DE LORRAINE

PAR

F.-A. ROBISCHUNG

TOURS

ALFRED MAME ET FILS, ÉDITEURS

—

M DCCC LXXXVI

PROLOGUE

Le travail que je soumets aujourd'hui à la bienveillance du lecteur n'est pas un roman : c'est l'histoire vraie d'une famille honnête et laborieuse; ce sont les souvenirs émouvants d'un octogénaire qui a consacré toute sa vie à l'accomplissement du devoir et à la pratique de la vertu.

Un capitaine valeureux qui gagne une bataille s'acquiert de la gloire et des honneurs, et mérite assurément de la patrie; le savant qui dote l'humanité de connaissances nouvelles, l'industriel qui convertit de vils produits en étoffes précieuses et en monceaux d'or, l'artiste dont les œuvres nous ravissent, ont droit sans doute à notre admiration et à notre reconnaissance. Mais combien une vie de dévouement constant, d'abnégation sublime, un héroïsme de tous les jours et de tous les instants, pratiqué dans l'ombre et le silence, ne méritent-ils pas aussi notre respect et notre admiration! Et ne convient-il pas de faire paraître quelquefois à la lumière du jour ces vertus de la chaumière, d'autant plus dignes d'attention et d'estime, qu'ici-bas elles ne cherchent point l'éclat, et qu'elles n'attendent point sur cette terre la récompense due à leur mérite?

J'ai voulu pénétrer dans ces recoins obscurs où la vie est une lutte ardente, perpétuelle, afin d'enseigner à notre chère jeunesse, par des exemples frappants, l'amour du travail et la pratique des vertus domestiques. Je conduis mon lecteur à travers notre belle patrie, cette Alsace chérie que j'explore avec lui et que j'esquisse à grands traits, heureux de la lui faire connaître et aimer davantage.

F.-A. Robischung.

MON ENFANCE

MON ENFANCE

Souvent, mes jeunes amis, vous m'avez prié de vous retracer les souvenirs de ma vie. Jusqu'à présent je ne me suis jamais rendu à vos instances, car on éprouve une certaine répugnance à parler de soi-même. Cependant aujourd'hui, songeant à ma carrière de quatre-vingts ans, je me dis qu'à mon âge on n'est plus guère accessible à la vanité; du reste, bien des événements de ma vie pourront vous instruire: je n'hésite donc plus à vous en faire le récit.

Je suis né en 1800. Dans ces temps-là, notre pauvre France était bien agitée, et la religion n'avait point encore retrouvé dans la société la place qui lui convient. Je fus baptisé dans une cave, à Saint-Amarin, par un prêtre non assermenté, proscrit et errant çà et là dans les montagnes des Vosges. Mes plus anciens souvenirs remontent à trois quarts de siècle. Dans mon enfance j'habitais une cabane située sur la montagne du Bramont, et j'aimais à grimper au sommet d'un rocher sur lequel mon père avait disposé un banc rustique. Ce rocher s'élevait à côté de notre demeure, au milieu d'une charmante prairie. Des sorbiers et des frênes, des pommiers, des poiriers et des merisiers, où de nombreux oiseaux avaient fixé leur séjour, ombrageaient ce magnifique endroit. Au pied du rocher coulait une source dont le murmure harmonieux a maintes fois endormi mon enfance.

Ma mère était une douce et pieuse femme que l'on appelait dans le pays « la bonne grand'mère ». Quand elle descendait au village, elle avait soin de se munir de noix, de noisettes, de pruneaux, de petites poires; elles les distribuait à des essaims d'enfants qui couraient après elle. Aux beaux jours d'été, quand les soins du ménage le lui permettaient, elle allait s'asseoir sur le banc du rocher, y raccommodait les habits du ménage, ou bien égrenait les grains d'un vieux chapelet et lisait de pieuses légendes. En hiver, quand des murailles de neige s'entassaient autour de notre maison, elle ouvrait notre fenêtre à vitres rondes et répandait du grain pour les légions de mésanges qui passaient constamment. En un mot, toujours bonne et compatissante, elle faisait du bien à tous ceux qu'elle trouvait sur son chemin.

Mon père était un petit homme nerveux et travailleur infatigable. Il était plein de tendresse pour notre mère et pour nous tous. J'étais le deuxième enfant sur huit.

Une route qui conduisait par le col du Bramont en Lorraine passait au-dessus de notre demeure. De nos jours elle n'est plus fréquentée que par les piétons; en plusieurs endroits elle montait presque à pic. C'était, dans mon enfance, un de mes plaisirs favoris d'observer les voituriers lorrains, arrêtés parfois des heures entières aux mauvais passages. Les hue! les dia! et les jurons allaient leur train; enfin, à force de peine et de patience, les lourds équipages arrivaient au haut de la montagne.

De nos jours, ce voyage peut se faire commodément, car la route du Bramont est une des plus belles des Vosges. Vous n'ignorez pas qu'elle gagne les hauteurs par une quinzaine de sinuosités; elle a une longueur de vingt kilomètres depuis Wildenstein, dernier village alsacien, jusqu'à la Bresse, premier village lorrain; mais que de sites divers autour de ses nombreux replis!

Lorsqu'on quitte notre village, en se dirigeant vers le Bramont, on longe d'abord les prairies les plus escarpées de l'Alsace. Elles ne sont point accessibles aux troupeaux, et souvent quelque bloc moussu se détache de ces hauteurs gazonnées pour rouler jusqu'au lit de la Thur, car la rivière coule à vos pieds.

Un premier pont en granit, un parc, des fabriques, deux étangs, un plateau verdoyant où les sources jasent sous la verdure, de vastes moraines, des hêtres séculaires, des touffes d'érables et de coudriers

attirent d'abord l'attention du touriste; ici des rochers
sont plantés de mélèzes; là des pics escarpés, semblables à de vieux châteaux en ruines, s'élèvent jusqu'aux nuages, et semblent défendre des approches
de l'homme quelque coin mystérieux de cette nature
agreste et sauvage. Au milieu des moraines vous
apercevez de vastes traînées de pierres fines et
blanches; de loin vous les prendriez pour l'écume
d'un torrent.

Encore quelques pas, et vous arrivez au second
pont de la Thur, élevé de quinze mètres; vous voyez
la rivière sortir en bouillonnant des sombres flancs du
Rothenbach. Désormais ses ondes, au lieu de bondir
sur les rochers, couleront paisiblement et deviendront
la force motrice des usines et des moulins.

La route continue à faire l'ascension du Bramont à
travers un dédale de forêts, de rochers, de moraines,
de charmantes clairières, de ruisseaux, de gazons
escarpés. Enfin les talus murés disparaissent; la hauteur du col est atteinte, et la route s'abaisse, à travers
une forêt de sapins, vers la commune de la Bresse,
située dans le département des Vosges.

La Bresse est une perle des Vosges; cette commune, à six cent vingt-neuf mètres d'altitude, renferme quatre mille habitants, possède quelques mille
hectares de forêts communales, de nombreuses scieries, des filatures qui comptent ensemble plus de
vingt mille broches, et quantité de fermes importantes; les pâturages y sont magnifiques. La commune possède en outre, sur la crête des Vosges, une

dizaine de chalets, dont quelques-uns nourrissent en été plus de soixante vaches laitières.

Les maisons de la Bresse sont disséminées sur les montagnes, dans une étendue de plus de trois lieues. Jusqu'en 1766, époque où la Lorraine fut définitivement réunie à la France, la commune de la Bresse forma une espèce de petite république administrée par un *maire* ou *mayeur*. Celui-ci était généralement le plus âgé des habitants. Il jugeait les différends sur la place publique, sous les yeux de toute la population. Le pied d'un orme séculaire, situé devant l'église, était la chaise curule de ce magistrat champêtre qui rappelle saint Louis et le chêne de Vincennes. Les *coutumes* de cette administration patriarcale, mises par écrit, furent approuvées et sanctionnées par l'ancien roi de Pologne et duc de Lorraine Stanislas Leckzinski, dont le souvenir est demeuré en vénération dans nos pays.

Outre sa belle église et quelques autres édifices dignes de remarque, la Bresse offre à l'étranger, comme curiosité, les lacs des Corbeaux, du Lispach, du Marchais et de la Blanchemer, tous situés au milieu de paysages sévères, pleins d'une majesté sauvage, et enfouis au milieu de sombres forêts.

Il y a soixante-dix ans, la Bresse avait beaucoup moins d'importance qu'elle n'en a aujourd'hui. Je me vois encore dans ces vastes forêts de Lorraine (je n'avais pas dix ans), occupé à garder des chevaux, ou plutôt les chevaux me gardaient. J'avais bien peur parfois sous ces vieux sapins dont les sombres voûtes, enguirlandées de mousses grises, ne laissaient passer qu'un peu de lumière. J'avais d'ailleurs entendu tous les contes de revenant de la mère Grassel, réputée la plus fameuse sorcière du pays. Au moment des tempêtes et des orages je me réfugiais, quand je le pouvais, dans quelque hutte en branches de sapin, heureux si j'y trouvais des bûcherons. « Voilà le petit Joseph, » me disaient ces braves gens; et ils partageaient souvent leur pain avec moi. D'autres fois je cherchais un refuge dans une crevasse de rochers ou sous un gros bloc de granit. Ce qui m'épouvantait le plus, c'étaient les hurlements des loups et les troupeaux de sangliers.

Je tenais de mon grand-père un immense vêtement qui me couvrait des pieds à la tête comme une soutane; si je courais dans les moraines, il restait accroché aux branches des sorbiers, ou balayait les couches de pierres et en provoquait la chute; j'étais ainsi obligé de me livrer sans cesse à une gymnastique souvent fatigante.

Cependant le bruit des guerres et des victoires de Napoléon Ier pénétrait dans les plus humbles cabanes: on en parlait jusqu'à l'extrémité du monde. Toutes les familles, il est vrai, avaient un ou plusieurs fils absents; eh bien, mes amis, on ne murmurait pas, on avait du patriotisme. Les plus enthousiastes étaient ivres de ces victoires continuelles; les plus froids ne pouvaient cacher leur satisfaction. Seul, notre voisin Christian, brave bûcheron qui habitait une cabane dans la forêt de Rothenbach, ne partageait pas nos sentiments; ce n'était pas parce que son fils Hans était à l'armée, mais parce qu'en homme perspicace il prévoyait de futurs désastres. Lui-même s'était distingué, en qualité de marin, dans la guerre d'Amérique, sous Louis XVI.

Souvent il venait en veillée chez mes parents, et son arrivée était pour nous tous un vrai bonheur. Quand on parlait de politique, Christian hochait la tête et disait : « Tout ceci finira mal ! Chacune des victoires que nous acclamons coûte des ruisseaux de larmes, même aux vainqueurs, et suscite des haines implacables; malheur à nous, si jamais la fortune devait nous trahir ! Et c'est nous, Alsaciens et Lorrains, qui payerions cette gloire funeste ! »

Quant à moi, je ne fréquentais l'école du village que pendant l'hiver; en été je gardais des vaches et des chevaux. Les écoles, dans ces temps-là, mes amis, n'étaient pas ce qu'elles sont aujourd'hui : notre vieux maître d'école n'était guère instruit; quand par hasard on tombait sur un problème un peu scabreux et dont lui-même ne se tirait pas, il s'écriait résolument : « Laissez là ce mauvais diable et passez outre ! » D'autre fois il tranchait les nœuds gordiens avec un aplomb qui nous donnait une haute idée de son savoir. Je vous cite une de ces questions : « Partager une pièce de cent sous entre trois personnes, de manière que chacune ait *exactement* le même nombre de sous. » Toute la classe demeurait muette. « Comment ! sots garçons que vous êtes, criait alors le magister, vous ne voyez pas que la première et la

seconde auront trente-trois sous chacune, et la troisième trente-quatre ! »

Il battait du beurre pendant les classes, tressait
des corbeilles, rabotait des planches. Les samedis,
il suspendait son miroir dans un coin de la salle et se
faisait la barbe. C'était pour lui le moment le plus
critique de sa besogne, car dès que certains espiègles
le voyaient savonné, ils faisaient un vacarme infernal
pour le forcer d'échanger le rasoir contre martin
bâton. Jugez alors de sa figure ! Mon frère Antoine
osa un jour, pendant qu'il se rasait, faire toutes sortes
de grimaces derrière lui, sans songer que le fidèle
miroir les répétait au fur et à mesure; aussi retira-
t-il de son exploit une belle volée de coups de
bâton.

Cependant le brave homme ne manquait pas de
dévouement, et quand il trouvait un élève appliqué,
il lui consacrait beaucoup de soins. On n'avait pas
non plus de livres classiques : chaque enfant portait
à l'école un vieux bouquin quelconque, le plus souvent un almanach : j'ai appris à lire en partie dans le
Grand Messager boiteux de Strasbourg. Le fait est que
je fus le premier de ma classe, parce qu'à l'âge de
dix ans je savais lire, et écrire en chiffres arabes les
nombres jusqu'à cent. Mon père parlait bien le français; j'appris donc assez facilement cette langue. J'y
ajoutai plus tard la connaissance du patois lorrain, et
de quelques éléments de géographie et d'histoire. Ma
bonne mère était fière de mon savoir, et disait aux
gens du pays : « Si vous saviez comme notre petit

Joseph est instruit : il vous lirait des livres gros comme un bloc de rocher. »

L'instituteur touchait un traitement annuel de cent cinquante francs, mais ne faisait classe que depuis la Saint-Martin jusqu'à la Saint-Joseph ; les vacances duraient donc toute la belle saison. Les jours où l'on fréquentait l'école, chaque élève était tenu de porter à l'instituteur une bûche de bois, et maintes fois des traînards ou des élèves indisciplinés s'étaient fait pardonner des fautes graves en donnant à leur bûche un volume plus respectable, affectant parfois l'ampleur d'un tronc. Au moins arrivaient-ils à réduire le nombre de coups de martinet qui leur étaient destinés. Comme l'instituteur ne brûlait pas tout le combustible amené par les élèves, il entretenait un commerce assez important avec les charbonniers du pays.

Cependant l'orage qui allait fondre sur la France, sur les provinces de l'Est surtout, avançait à grands pas.

L'INVASION

L'INVASION

Les événements marchaient avec une rapidité effrayante. La guerre d'Espagne tournait mal, et les horreurs de Saragosse avaient produit une sensation profonde jusque dans les plus humbles hameaux. La victoire de Wagram n'avait que faiblement calmé les inquiétudes. Puis venaient l'occupation de Rome et de Hambourg, la captivité du pape, le mariage de Napoléon avec Marie-Louise, toutes choses désapprouvées par le bon sens populaire.

En 1811, une magnifique comète se montra dans les champs du ciel. Sa queue était énorme; les hommes y voyaient l'annonce d'un grand événement, les femmes et les enfants se signaient. Le vin, cette année-là, fut un des meilleurs du siècle; il est maintenant encore désigné sous le nom de « vin de la comète ».

Je me rappelle qu'un soir Christian arriva avec un air tout mystérieux, et portant un vieux livre sous le bras. Il s'assit sans mot dire à notre fenêtre, ouvrit une page et lut, en appuyant sur chaque syllabe : « Prédictions de la sibylle : Une queue de paon pa- « raissant dans les régions des étoiles sera toujours « le signe de grands événements; que l'humanité en « frémisse ! »

« Ceci, ajouta Christian, a été dit par la plus sage des femmes au plus sage des hommes, au roi Salo- mon. Je tiens ce livre de ma grand'mère, qui elle- même l'a hérité de son trisaïeul; toutes nos destinées s'y trouvent annoncées. Car la sibylle savait tout, et Salomon, ayant entendu parler de sa haute sagesse, voulut connaître cette femme extraordinaire. Or la prophétesse demeurait aux montagnes. Salomon s'en alla donc à sa rencontre avec toute sa cour, qui devait être témoin de ces choses. Lorsque le roi fut au bord du Cédron, il s'arrêta pour attendre l'arrivée de la prophétesse. Celle-ci, quoiqu'il y eût en cet endroit un tronc de pommier placé sur les eaux en guise de pont, passa le torrent à gué. Le roi en fut très étonné, mais la sibylle s'empressa de lui dire : « Jamais mes pieds ne fouleront le pommier, arbre « auquel sera cloué le Roi des nations ! » Ensuite elle fut conduite au palais royal, et là Salomon, pour avoir une preuve de sa sagesse, lui fit présenter des roses naturelles et des roses artificielles si bien faites, qu'il n'était pas possible de les distinguer des pre- mières. Le roi pria la sibylle de vouloir bien lui désigner les roses naturelles, sans néanmoins toucher à rien. La prophétesse se fit apporter une ruche d'abeilles. Or les abeilles ne se fixèrent qu'aux roses naturelles, parce qu'elles seules renfermaient le nectar des fleurs. Et ainsi la sibylle discerna, au grand étonnement de Salomon, l'œuvre de la nature de celle des hommes. Voilà pourquoi, moi Christian, je crois à la sagesse de ce livre, qui en sait long sous ses toiles d'araignées. Donc la comète nous prédit des malheurs. Mon pauvre Hans! je doute qu'il sorte jamais des mains de Napoléon! »

Quand parfois il me prenait envie de rire, Christian fixait sur moi des yeux ardents et me disait : « Mon petit Joseph, pourquoi ris-tu? Avant que tu aies vingt ans, tu verras de terribles choses. »

Hélas! oui, ces paroles devaient se réaliser. L'année 1812 était venue, et avec elle la terrible campagne de Russie. Tous les jeunes gens étaient partis. Les foules étaient effrayées, les parents inconsolables. De sourdes rumeurs, de vagues appréhensions agitaient le peuple. Napoléon est vainqueur, disaient les uns. — Il est battu, disaient les autres. — Napoléon ne peut périr, disaient les vieux soldats. — C'est un monstre, disaient les femmes et les mères. — Il est cruel, disaient les frères, les sœurs et les fiancées. — C'est un homme de génie, prétendaient les savants et les égoïstes. — Il mérite un châtiment, soutenaient la plupart. — Il fait un coup de maître, disaient les politiques du lieu; l'Espagne, l'Allemagne et l'Autriche sont terrassées; l'Italie est sous ses ordres; la

Russie est déjà vaincue; qui peut lui résister? Quant à Christian, il branlait sa tête couronnée de boucles argentées et ne cessait de répéter: « Tant va la cruche à l'eau qu'elle se casse. »

Bientôt de terribles inquiétudes agitèrent le pays. La désastreuse campagne de Russie s'était déroulée; le manque de nouvelles vraies, l'abondance de nouvelles fausses, l'éloignement du théâtre de la lutte augmentaient les angoisses poignantes dans le cœur des mères. On racontait que Napoléon était à la tête d'un million de soldats, qu'il allait en Asie et jusqu'aux extrémités de la terre; d'autres fois, quand les désastres commencèrent à être divulgués, on prétendait qu'il avait péri dans la neige avec toute l'armée, sauf les régiments qui avaient été brûlés vifs à Moscou. Mais ces nouvelles étaient trop effroyables pour qu'on y ajoutât une foi complète. Ce dont on était certain pourtant, c'est qu'il y avait des désastres, et des désastres incalculables. Oui, chaque étape, sur cette terre glacée de la Russie, avait été marquée par des flots de sang et des monceaux de victimes.

Enfin la vérité fut peu à peu connue: Napoléon parut subitement à Paris, pour opérer de nouvelles levées de troupes. Des jeunes gens qui avaient payé leur exemption jusqu'à cinq mille francs furent de nouveau incorporés à l'armée; des boiteux, des infirmes reçurent leur feuille de route. Les dangers étaient pressants; toute l'Europe était sur nos bras, et quarante mille hommes à peine sur cinq cent mille étaient revenus de Russie!

Cependant l'année 1813 vit encore des victoires ; Lutzen, Bautzen et Dresde avaient rendu quelque espoir, même aux plus incrédules. Le voisin Christian demeurait froid, et se contentait de redire à chaque nouvelle qui arrivait : « Tant va la cruche à l'eau qu'elle se casse. » Bientôt, en effet, s'ajoutèrent aux lueurs de Moscou les désastres de Leipzig, et un beau matin, par une froide journée d'hiver, on apprit que l'ennemi était à Bâle, à Strasbourg, à Toulouse, en un mot, partout. Quelle terreur et quel réveil ! Alors Christian fut comme transformé. Armé d'un vieux fusil tout rouillé, il descendit au village pour aider à l'organisation d'une compagnie de volontaires. « Debout ! disait-il aux hommes, aux amis, aux connaissances : je n'aurais pas fait un pas volontairement pour disputer dans des pays étrangers la terre natale à des gens qu'on envahissait ; mais l'ennemi est à nos portes ; le devoir de tout honnête homme est de le repousser, le sol de la patrie est sacré. » Et, avec une énergie terrible, il ne cessait de crier : « Debout ! » Et Toni, Nési, Ursus, Frantz-Sepp, Haïri, Friedli, Ambrosi, Kasper et beaucoup d'autres, les uns verriers, les autres bûcherons, s'étaient organisés pour la résistance. Ils établirent des retranchements aux sommets du Herz et du Bramont. Hélas ! ils n'eurent pas le temps de mettre à profit leurs généreuses intentions : dans l'espace d'une seule nuit, la cavalerie du prince de Schwartzenberg, généralissime des armées alliées, fit le trajet de Bâle aux premières vallées des Vosges. Notre village, surpris à l'improviste, fut, ainsi que toute la vallée de Saint-Amarin, inondé de troupes. Ulhans, Cosaques, Jægers, tous parlant un langage plus ou moins inconnu, se précipitèrent comme une avalanche sur nos paisibles vallons.

Je me rappelle que, par une nuit sinistre et froide, j'étais assis au coin du feu et occupé à écosser des fèves. Ma mère était à son rouet et soupirait souvent; mon père rabotait une semelle de schlitte; il était sombre, mécontent, pour trois raisons : les nouvelles étaient mauvaises; il manquait de tabac depuis huit jours, ce qui était pour lui une privation insupportable; et puis mon frère Antoine était descendu depuis midi au village et ne rentrait point. Les arbres gémissaient sous la bise, les échos des rochers étaient réveillés par les cris des oiseaux nocturnes.

Nous entendîmes tout à coup, dans le silence de la nuit, une vague rumeur, un bruit cadencé, monotone comme le tic tac de notre vieille pendule en bois. Il devint de plus en plus fort. Évidemment il se rapprochait de notre demeure. Pressentant un malheur, ma mère se leva et verrouilla la porte. Bientôt de nombreuses voix d'hommes frappèrent nos oreilles; nous entendions aussi parfois des hennissements de chevaux.

Tout à coup notre porte fut secouée de plusieurs coups qui ébranlèrent toute la cabane. Ma mère, glacée par la peur, fut prise de tremblement; mon père devint pâle et blême; les enfants se cachèrent sous le lit et derrière l'armoire. Encore un coup, et cette fois la porte à moitié enfoncée céda sous la pression. Aussitôt notre petite cuisine, les chambres, tout fut rempli de gens armés jusqu'aux dents. « Schnaps, » criaient les uns. « Gieb alles her, Bauer, » hurlaient les autres.

C'était l'ennemi qui était là, l'ennemi implacable, assurément, féroce peut-être. Ah! la guerre! quand je songe à ces moments-là, je me sens encore comme agité d'un mauvais rêve. Que les pays situés aux frontières sont à plaindre! Notre pauvre Alsace a toujours été un champ de bataille, et de plus le théâtre des invasions; elle a la vie bien robuste, pour n'avoir jamais péri.

Aussitôt les armoires et les vieux buffets furent enfoncés et dépouillés, la vaisselle répandue et brisée, mes parents bousculés. Deux grands diables de Hongrois se jetèrent sur mon père et le garrottèrent solidement avant qu'il eût pu se reconnaître; ensuite un officier autrichien, s'approchant de lui : « Bauer, lui dit-il, tu vas immédiatement nous servir de guide; il nous faut passer la montagne; malheur à toi si tu nous égares! »

Mon père voulut présenter des observations; mais l'officier donna ordre de l'attacher à la queue d'un cheval cosaque, ce qui fut fait aussitôt. Ma bonne mère poussait en vain des cris et se tordait de désespoir; on l'étourdit par quelques coups de crosse. Alors nous, les enfants, nous sortîmes de nos cachettes pour épuiser à notre tour supplications et larmes; mais nous fûmes accueillis par des nuées de horions. « Voilà les rats qui sortent de leurs trous, » dit un uhlan.

Seul un jeune homme, pâle et visiblement ému, nous témoigna quelque compassion, et dit à ma mère : « Ne désespérez pas, ma bonne femme, votre mari ne sera point tué. » Sans doute celui-là songeait à la tristesse qu'avait éprouvée sa propre mère à son départ.

Puis la colonne se mit en marche, notre mère s'affaissa sur le gazon devant la cabane, et pour un moment nous fûmes comme orphelins.

Quand elle revint à elle, les ennemis étaient déjà loin. « Priez, priez, mes enfants, nous dit-elle, Dieu seul peut vous rendre votre père; touchez-le par vos larmes! » Mais nous pleurions bien plus que nous ne priions. Il est vrai que les larmes d'un enfant doivent être une prière éloquente!

Ainsi notre père était enlevé par l'ennemi, massacré peut-être, et mon frère Antoine n'était point revenu. C'était l'aîné des enfants, et le soutien principal de la famille. Quoique atteint d'une grave infirmité, il était infatigable au travail, audacieux, et le plus souvent heureux dans ses entreprises.

LE

MARCHAND DE PIPES

LE

MARCHAND DE PIPES

———

Dans ces temps-là, les bougies n'étaient point connues, et l'huile même, quand il s'agissait d'éclairage, était un luxe. Nous entrâmes dans notre chambrotte, bien disposés à ne pas dormir de toute la nuit, et ma mère, pour nous éclairer, entama un nouveau fagot de copeaux de hêtre. Ces copeaux nous servaient de chandelles; on les achetait au cent; tous avaient la même épaisseur et environ un mètre de long. On les emmanchait à un trépied qui tenait lieu de chandelier. L'usage en existe encore dans certaines fermes de la Lorraine. Chacun d'eux éclairait la chambre pendant quelques instants seulement; le service de l'éclairage absorbait donc constamment quelqu'un; d'habitude un enfant dans chaque famille était chargé de ce soin. Les allumettes n'étaient pas

3

encore inventées non plus, en sorte qu'il fallait sans cesse recourir au briquet.

Ce soir-là, ma mère était tellement troublée, qu'elle eut toutes les peines du monde à rallumer nos flambeaux. Quiconque eût vu cette volée de petits enfants, garçons et fillettes, qui l'entouraient, tous éplorés, eût compris nos peines et nos angoisses; ainsi, quand un bûcheron impitoyable vient donner de grands coups de hache au buisson qui abritait la nichée, les oisillons remplissent les airs de leurs cris de détresse. Parfois un sanglot étouffé partait du groupe, car on craignait de se communiquer des pensées peu faites pour consoler.

Un nouveau coup frappé à la porte nous fit une seconde fois tressaillir. Cette fois, c'était mon frère Antoine qui rentrait sain et sauf du village. Il nous dit qu'il avait, dans la soirée, prêté secours au vieil Ambrosi, du Runtz, pour descendre un tronc de sapin des forêts de l'Altenberg : pendant ce temps, les cavaliers ennemis avaient envahi le village et l'avaient empêché de rentrer à l'heure accoutumée. N'apercevant point notre père : « Pourquoi êtes-vous seuls? nous dit-il. — Les ennemis l'ont emmené. — Vers la Bresse? — Oui. » Aussitôt Antoine s'échappa en criant : « Au revoir, nous verrons cela! »

Une lueur d'espérance nous vint à tous. Antoine était courageux, décidé, mais surtout très rusé, très riche en expédients, ce qui, dans le pays, lui avait valu le surnom de « Renard du Bramont ». Qu'allait-il faire?

Il ne revint que vers le matin. « Je vais à la recherche de notre père, dit-il ; je périrai plutôt que de rentrer sans lui. » Aussitôt nous le vîmes courir vers le haut du Bramont ; mais il eut bien soin de prendre les sentiers des moraines, où, sans être vu, il pouvait se glisser à travers les rocailles et les buissons. Ce qui nous surprit, ce fut de ne pas lui voir emporter une arme quelconque ; car c'était un excellent tireur, et maintes fois il avait abattu loups, blaireaux, sangliers, coqs de bruyères et autres bêtes des forêts. Par contre, il portait une longue canne munie d'une pointe de fer. Sur cette canne étaient inscrits des mots comme : Furca, Gallenstock, Blümlisalp, etc. J'appris plus tard que c'étaient des noms de glaciers suisses. Il était vêtu d'un justaucorps verdâtre, de guêtres, et d'un chapeau orné d'aigrettes. De plus, il portait un ballot ; mais il refusa de nous en dire le contenu.

En nous quittant, il était descendu au village et y avait annoncé le malheur qui nous avait frappés. Puis il s'était rendu chez Hubert Brunner, le marchand de pipes de merisier, et lui avait dit : « Pouvez-vous me céder, pour un jour seulement, un assortiment de pipes de merisier ? Je vous les rendrai demain, ou je vous les payerai au prix courant. » Le marché conclu, il était allé trouver le verrier Kieffer, Suisse d'origine, et lui avait dit : « Il me faut être Suisse demain toute la journée ; pourriez-vous me prêter votre costume national, vos papiers et votre alpstock ? » Kieffer, flairant un coup de maître, y avait consenti, et

Antoine, affublé comme j'ai dit, était revenu du village.

Au point du jour il atteignait la colline de Vologne et les premières fermes de la Bresse sans avoir encore rencontré personne. Mais, en avançant vers le village, il vit, dans les prairies qui bordent la Moselotte, une grande quantité d'hommes et de chevaux. Sans s'émouvoir, il se mit à crier de toutes ses forces : « Pipes de merisier, à trente sous pièce, » pendant que son regard cherchait avec anxiété dans les groupes divers de soldats une figure connue. A son grand plaisir il vit, accroupi à côté du feu, mais les mains liées sur le dos, notre père, qui reconnut bien vite la voix de son fils, mais fut assez prudent pour n'en rien faire paraître. Antoine, ainsi que notre père, comprenait heureusement l'allemand, le français et le patois lorrain, inintelligible pour tout étranger.

Cependant la sentinelle l'arrête par un formidable : « Wer da! (qui vive!) — Schwyzer, répond Antoine; schwyzer wiechslipfifehaendler (marchand suisse de pipes de merisier). » En un clin d'œil Antoine, pris au collet, est conduit vers un groupe d'officiers étonnés d'une pareille audace. On le fouille, on trouve sur lui des pièces suisses, dûment légalisées, qu'il a eu soin d'apprendre par cœur pour ne point s'exposer au trouble et aux indiscrétions. On l'interroge; il répond en dialecte suisse, qu'on parle d'ailleurs à Wildenstein, puisque notre village doit son origine à une colonie suisse. On ouvre son ballot, on n'y trouve que des pipes. « C'est réellement un Suisse, un brave

homme, dit enfin une vieille barbe d'officier. Et là-
dessus, notre frère est remis en liberté. Mais, au lieu
de s'en aller, il se remet à crier, timidement cette
fois : « Pipes de merisier, à trente sous pièce. » Officiers et soldats examinent les pipes, les trouvent
belles et bonnes, et finalement Antoine en vend quelques douzaines. Ensuite il repart, se traînant lentement vers la Bresse, non sans avoir appris que le
corps de troupes s'était arrêté quelques heures, de
crainte d'une surprise; qu'il allait faire une reconnaissance vers les hauteurs de Gérardmer, et continuer
ensuite sa route vers Remiremont. Napoléon était en
Champagne, faisait trente-deux lieues en trente-six
heures, et il était bien permis, à quarante lieues à la
ronde, d'avoir peur de cet homme-là.

La troupe se remet en marche, et mon pauvre père,
à chaque instant menacé de mort parce qu'il refuse
de répondre aux questions qu'on lui fait, est toujours
attaché à la queue du cheval qui marche en tête.
Cependant le chemin devient plus escarpé; il traverse
un dédale de rochers qui parfois simulent des formes
humaines, et va bientôt s'enfoncer dans de vastes
forêts de sapins. Là on revoit Antoine, se traînant
avec son ballot clopin-clopant vers Gérardmer. « C'est
le marchant de pipes suisse, » disent les officiers.
Mais lui se met à fredonner en patois lorrain : « Quand
vous serez arrivé au détour de la Grande-Roche, je
couperai vos liens, et puis vers la ferme de la Ficht! »
Mon père saisit ces paroles, inintelligibles pour tous
ces soldats.

Antoine se laisse peu à peu atteindre par le premier éclaireur, qui répond avec assez de politesse à son salut.

Voici que le sentier tourne brusquement, les rochers sont élevés, la forêt sombre et touffue; des sapins, vieux de plusieurs siècles, couronnent partout ces hauteurs balayées par les ouragans; le voyageur qui suit ne voit pas celui qui précède; on avance lentement à travers les blocs entassés. Mais déjà les coups de fusil retentissent, les balles crépitent dans les branches de sapin : c'est la troupe qui essaye d'atteindre mon père et mon frère, échappés en un clin d'œil, et courant à travers la forêt, qui leur fait un rempart infranchissable. Les coups de fusil ne font qu'effaroucher les milans et les corbeaux; quant aux fugitifs, ils atteignent la hutte d'un charbonnier qu'ils connaissent. Le brave Lorrain leur sert un peu d'eau-de-vie, du pain, du lait de chèvre et des pommes de terres cuites sous la cendre.

Avec quel plaisir je me rappelle le moment heureux où, quand déjà les ombres de la nuit couvraient la vallée, des pas connus résonnèrent à nos oreilles! Je vois encore notre mère, poussant un grand cri, se jeter dans les bras de mon père, rentré avec Antoine. Que de paysans étaient morts en suivant les troupes étrangères!

Maintenant nous n'avions plus rien à craindre : Napoléon allait donner une telle besogne aux alliés, qu'ils ne pourraient plus songer au schlitteur du Bramont. Quant à Antoine, il se contenta de dire : « Eh bien! le Renard du Bramont mérite-t-il sa réputation? » Et lorsqu'il régla son compte avec le marchand Hubert Brunner et le Suisse Kieffer, ils eurent à se partager plusieurs écus gagnés au commerce de pipes.

MON

PREMIER EXPLOIT DE GUIDE

PREMIER EXPLOIT DE GUIDE

Notre village, fondé en 1720 par trois familles suisses de Thurgovie, qui y élevèrent d'abord la verrerie, se trouve situé au milieu des Vosges, et dans la partie la plus pittoresque; une demi-journée de marche vous fait arriver, soit à la gorge célèbre de la Schlucht, soit dans la vallée de la Moselotte, soit dans celle de la Moselle, ou dans les vallées de Munster, de Guebwiller et de Massevaux. Il est donc tout naturel qu'un pays très pittoresque par lui-même et entouré de ce qu'il y a de plus remarquable dans les Vosges soit beaucoup visité des étrangers. Or ceux-ci ne peuvent guère, dans les montagnes, se passer de guides ou de porteurs; aussi ont-ils recours aux gens du pays.

Voici comment je devins guide moi-même, et commençai ce métier pénible, mais si intéressant, que je devais continuer jusqu'à soixante ans.

Un soir du mois de mai 1815, alors que les neiges avaient déjà quitté presque tous nos sommets des Vosges, un étranger vint frapper à notre porte. Il avait l'air fatigué, et paraissait craintif et méfiant; il était élégamment vêtu, et l'on devinait qu'il devait appartenir à un rang distingué de la société. Notre petit intérieur le rassura sans doute, car il entra et nous dit en français : « Je suis étranger dans ce pays, et trop fatigué pour aller plus loin; puis-je passer la nuit chez vous? Je payerai votre hospitalité. — L'étranger est toujours le bienvenu chez nous, dit ma mère; mais vous ne payerez rien. Il est vrai que nous n'avons que peu de chose à vous offrir : du lait, du pain, des pommes de terre et des œufs, et un lit bien dur. — Votre cordialité vaut mieux que les meilleurs plats, » répondit l'étranger, et il déposa son sac de voyage derrière la porte.

Ma mère aussitôt s'empressa de lui faire une bonne soupe, et de lui cuire des œufs frais, avec lesquels il but du lait doux.

Après le repas, l'hôte s'amusa beaucoup à faire jaser mes petits frères et sœurs; grâce à la confiance qu'inspire aux enfants une figure franche et loyale, ils grimpaient sur ses genoux, s'amusaient à voir sa tabatière d'argent, dont le contenu faisait les délices de mon père, et cherchaient à deviner combien elle valait de sous.

Costume des jeunes filles des Vosges.

« Vous êtes de braves gens, nous dit enfin l'étranger, et je vais vous parler en toute confiance ; peut-être pourrez-vous m'aider de vos conseils. Sachez donc que je suis un proscrit ; j'avais embrassé le parti des Bourbons, et maintenant je suis poursuivi par le gouvernement de l'empereur. Mais cette persécution ne sera pas de longue durée, car forcément Napoléon succombera écrasé par toute l'Europe. La jeunesse française, moissonnée sur tous les champs de bataille, est trop réduite pour lutter longtemps. Cependant j'ai pris la résolution de me cacher jusqu'à ce que les destinées de notre pays soient changées. J'ai fait soixante lieues à pied par des chemins affreux, car j'évitais soigneusement les endroits habités. Il me répugne de me sauver en pays ennemi. Je me suis donc décidé à attendre de meilleurs jours dans les montagnes des Vosges, où les forêts touffues m'offriront une retraite sûre. D'ici je tâcherai de gagner le chalet du Vendron, pour passer, suivant la nécessité, soit en Alsace, soit en Lorraine. Pouvez-vous m'y conduire ?

— Je regrette de ne pouvoir vous être utile en ce point, répondit mon père, car demain j'ai une affaire à traiter avec le marchand de bois Claude de la Bresse ; mais mon fils Joseph connaît le chemin, et pourra vous servir de guide. »

C'est ainsi que je devins guide officiellement. Il est vrai, je n'avais fait le chemin du Vendron qu'une seule fois, à l'âge de dix ans ; mais les montagnes étaient ma patrie, elles n'avaient guère de terreurs pour moi ;

et puis mon père avait parlé, et ne souffrait guère
qu'on lui résistât.

Il fut décidé que nous partirions au point du jour.
Avant d'aller se reposer, notre hôte, pour récompenser notre hospitalité avec délicatesse, fit une large
distribution de petite monnaie à nous tous.

A trois heures du matin, nous nous glissâmes vers
le village; nous le traversâmes sans être remarqués,
pendant que les jeunes apprentis, chargés d'annoncer
l'heure du travail pour la verrerie, chantaient en
dialecte suisse sous les fenêtres des verriers le mot
d'ordre : « Debout, pour l'amour de Dieu, c'est le
réveil ! »

L'étranger me questionna d'abord sur les mœurs de
notre pays, et eut bien vite appris toutes les histoires de revenants et de sorciers que la vieille mère
Grassel nous avait tant de fois débitées au rocher du
Bramont. Il m'écoutait avec la plus grande attention.
Tantôt je lui désignais un rocher hanté par un esprit,
tantôt je lui montrais une gorge servant d'asile à un
revenant conjuré par des capucins. Et toutes les fois
je me signais, non sans une secrète terreur. A la forêt
du Wolfenloch, je lui fis voir un hêtre creux, vieux
de plusieurs siècles: « Cet arbre, dis-je en me signant
trois fois, et satisfait de voir grandir l'aube du jour,
est habité par un revenant qui jadis était condamné à
errer sur les prés de la Grossmatt, pour avoir dè son
vivant transplanté ses pierres bornes sur la propriété
des voisins. Souvent il faisait retentir toute la vallée
de ses cris lugubres; personne n'avait plus le courage

de passer pendant la nuit en cet endroit, et ces prés furent vendus à bas pris. Enfin deux capucins, — mon grand-père les a vus — vinrent conjurer le revenant. Ils l'avaient placé dans le creux d'une assiette, et agitaient pendant la conjuration des mouchoirs blancs, pour avertir les passants de ne point troubler l'opération. C'était un samedi, alors que mon grand-père se rendait avant l'aurore au marché de Thann.

« La Grossmat surtout est un endroit de mauvais renom. Presque toutes les nuits on y voit des hommes de feu ; bien des personnes, à ce spectacle lugubre, sont devenues malades de frayeur. »

Quand j'eus fini mes récits, le proscrit me dit : « Mon enfant, vas-tu au catéchisme ? — Oui, Monsieur. — Alors tu pourras sans doute répondre à quelques questions ? — C'est possible, Monsieur. — Qu'est-ce que l'homme ? — L'homme est une créature raisonnable composée d'un corps et d'une âme faite à l'image de Dieu. — Très bien répondu. Et après notre mort, que devient notre corps ? — Il retourne en poussière. — Et notre âme ? — Elle comparaît devant le tribunal de Dieu, pour être récompensée ou punie. — Fort bien encore. Peut-on voir notre âme ? — Non, Monsieur ; car l'âme, étant un esprit, n'a ni matière, ni couleur, ni rien qui tombe sous les sens. — Mais pourtant tout à l'heure tu me parlais de l'esprit d'un homme, c'est-à-dire de son âme, que des capucins portaient dans une assiette et enfermaient dans le creux d'un hêtre, et de revenants qui poussaient des clameurs. »

Je demeurai interdit à cette observation. Alors l'étranger se mit à rire et dit:

« Votre curé vous parle-t-il de revenants enfermés dans les cavernes et les arbres?

— Jamais, Monsieur.

— Donc ces histoires effrayantes n'ont rien de commun avec la religion et ne peuvent être une vérité. Les hommes de feu sont des gaz qui se forment par la décomposition des plantes et des matières animales; ils s'enflamment au contact de l'air et sont surtout visibles pendant l'obscurité.

— Pourtant, répondis-je, la mère Grassel m'a raconté que la *fée des Quatre-Temps* entra vers minuit dans une ferme, et y condamna la ménagère, encore assise à son rouet, à puiser un tonneau d'eau avec un panier. Mes parents ont aussi un livre très remarquable : entre autres choses extraordinaires, il enseigne le moyen de toujours gagner au jeu, en s'attachant un cœur de chauve-souris avec un ruban de soie au bras gauche.

— Mon enfant, dit alors l'étranger, remarque bien ceci : le catéchisme t'enseigne que les Quatre-Temps ont été institués pour sanctifier les quatre saisons de l'année, et non pour effrayer les gens; et quant au cœur de chauve-souris, je te dirai que, même s'il possédait la vertu dont tu m'entretiens, on volerait le voisin avec qui l'on joue en lui enlevant toute chance de gagner; et puis le cœur d'une chauve-souris ne saurait avoir des propriétés pareilles. D'ailleurs, si les deux partenaires attachaient un cœur de chauve-souris à leur bras gauche, d'après ce que tu dis, les deux gagneraient toujours infailliblement, et cela n'est pourtant pas possible.

— Cependant, fis-je observer, on cloue les chauves-souris aux portes.

— Parce qu'on est cruel; on ignore quels services rendent ces pauvres bêtes, qui mangent des masses d'insectes nuisibles, ne font aucun mal, et sont ainsi de vraies hirondelles nocturnes.

« L'homme d'ailleurs n'est que trop souvent injuste envers ses auxiliaires les plus utiles : tantôt il martyrise la chauve-souris, tantôt il assomme le hibou qui le délivre des souris et des rats. J'ai vu au sommet d'une vieille tour les débris de plus de deux cents souris et mulots qu'une chouette avait portés à ses petits. Et le hérisson, et le crapaud, et le lézard, tous mangeurs d'insectes, pourquoi les tuer?

« Quant aux histoires de revenants, il faut néanmoins en tirer un enseignement : le revenant qui erre pour cause de pierres bornes transplantées nous figure le châtiment qui attend l'homme possesseur de biens illicites. Mais les cris lugubres sont poussés ou par des animaux comme le hibou ou le loup, ou par un malveillant qui exploite la crédulité publique pour acheter à bon marché des biens de grande valeur, car tu m'as dit que ces prés ont été vendus à bas prix. La *fée des Quatre-Temps* qui impose à la ménagère un travail inutile signifie : Il y a un temps pour le repos et un temps pour l'activité; si la ménagère reste trop longtemps à un travail facile à remettre au lendemain,

elle sera forcée d'en négliger un autre plus utile, ou
de refaire ce qu'elle a mal fait, sans compter la ruine
de sa santé. De là le tonneau à remplir avec un
panier. »

Ces explications furent pour moi une lumière nouvelle, et je me permis de demander à l'étranger une
foule de choses utiles.

« Il y a, lui dis-je, au sortir de notre vallée, entre
Thann et Mulhouse, une vaste plaine qu'on appelle
l'Ochsenfeld, sur laquelle le prince Louis aurait été
englouti avec toute son armée; souvent on entend
le bruit des hommes d'armes et le hennissement des
chevaux; les gens de Thann et de Mulhouse prétendent que les boulangers du pays fournissent les soldats
de pain. Que pensez-vous de ce fait?

— Ceci est ce que l'on appelle une légende. Le
prince Louis a existé, et l'histoire le nomme Louis
le Débonnaire; il a été le fils du grand empereur
Charlemagne, qui venait souvent chasser dans les
Vosges.

« Louis avait des enfants ingrats qui lui ont fait la
guerre, et le père fut obligé de se battre contre ses
propres fils. On se rencontra, en 833, dans la plaine
d'Alsace, entre Colmar et Mulhouse; mais, au moment
de la bataille, les soldats de Louis abandonnèrent
tous leur souverain. La conscience populaire a flétri
cet acte de haute trahison et cru que la terre devait
s'entr'ouvrir et ensevelir les traîtres. »

Cependant les ruines du château de Wildenstein
s'élevaient devant nous, et nous allions nous enfoncer

dans le Bockloch, forêt vaste très escarpée, parsemée de rochers et de précipices, et traversée par un torrent qui produit des cascades remarquables. La voix des eaux mugissantes et le croassement des corbeaux troublent seuls le silence profond de ces solitudes.

Une légende se rattache à la grande cascade du Bockloch.

Le château de Wildenstein était habité par un seigneur impie. Celui-ci se permit, un jour de Noël, alors que les sapins pliaient sous la neige, d'organiser une partie de chasse. A peine fut-il arrivé dans ces forêts, que les chiens firent lever un cerf énorme et tout noir. Quel gibier rare ! se dit le châtelain ; ce sera un bel exploit de l'abattre.

Aussitôt il commença l'escalade des rochers qui bordent le torrent. Le cerf le précédait de quelques pas, mais les chiens refusèrent de le poursuivre. Le chasseur atteignit ainsi un petit plateau qui se trouve au-dessus de la cascade. Là le cerf s'était arrêté à quelques pieds du gouffre. Déjà le châtelain allait lancer sur lui la flèche mortelle, lorsque son arc se rompit avec un grand fracas. Au même instant le cerf noir se rua sur l'impie, et le précipita dans les eaux profondes et glacées du torrent.

Le château de Wildenstein est un rocher conique, isolé au milieu de prairies ; d'un côté il s'élève à pic à plus de quatre cents pieds de hauteur ; de l'autre il est flanqué de forêts. Un tunnel percé dans le granit vous fait arriver au plateau qui couronne le sommet : il est gazonné en partie, et couvert çà et là de sapins ou de belles ruines. Le voyageur se trouve subitement en face de l'abîme. Passez ce petit gazon uni comme une table, mais prenez garde : un pas de plus, et vous seriez perdu ; l'immense fissure qui existe entre le rocher du château, le fond de la vallée et les hauteurs opposées, est béante devant vous ; l'étranger ne peut s'empêcher de pousser un cri de surprise et de frayeur. Souvent des chiens emportés par leur ardeur à la poursuite d'une proie se sont précipités avec elle dans cet abîme.

Rien de plus imposant que ces ruines. Des pans de murs lézardés, penchés sur les précipices, des voûtes enguirlandées de lierre, des bois touffus, des gazons et des moraines, des gouffres hantés par les oiseaux de proie et les reptiles, se croisent, se côtoient, se confondent. Mais au pied de ces rochers se trouve une ceinture de prairies opulentes, limitées d'un côté par la rivière de la Thur et de l'autre par la belle route de la vallée.

Les plantes rares qui poussent sur les ruines du manoir de Wildenstein paraissent avoir été en partie apportées par les seigneurs féodaux qui l'habitèrent.

Mais revenons à notre course au Ventron. Déjà le soleil matinal éclairait les hauts pâturages du Rothenbach, quand nous longeâmes le château. « L'histoire de ces ruines doit être intéressante, me dit l'étranger ; saurais-tu m'en dire quelque chose, mon petit ami ? » Alors je fis à mon compagnon le récit suivant, que j'avais souvent entendu de la bouche de nos vieillards :

« Le seigneur Huguel était un homme dur et cruel. S'agissait-il d'abattre une forêt, de tailler un sentier, d'embellir une crête de rocher par des constructions ou des jardins jetés sur des abîmes, il faisait main basse sur les habitants de la vallée, les forçait à travailler sous la férule de ses intendants, sans jamais les payer. Un jour un maître maçon osa lui demander son salaire : Huguel le fit précipiter en bas du rocher, et les vautours mangèrent son cadavre. Un tailleur, pauvre père de famille, eut également le courage de réclamer ce qui lui était dû pour son travail : Huguel le fit attacher à une planche et jeter dans l'abîme.

« Un jour, il maltraita un vieillard à moitié paralytique qui ne s'était pas rangé assez vite de côté pour lui livrer passage. Le vieillard se contenta de brandir ses béquilles et dit : « Tôt ou tard ! »

« Bientôt, en effet, l'heure de la vengeance sonna. La guerre de Trente ans, qui mit toute l'Europe à feu et à sang, vint également fondre sur notre pays. Les Suédois détruisirent en Alsace plus de cent manoirs féodaux. Vers l'an 1634, ils vinrent assiéger le château de Wildenstein.

« Cependant Huguel se riait de leurs efforts : un assaut était impossible, et de plus caves, donjons, souterrains, tout le rocher, en un mot, était bondé de vivres et de munitions. Mais, un jour, le vieillard que Huguel avait maltraité vint trouver le comte suédois de Thorn, chef des assiégeants, et lui dit : « Je crois faire une bonne œuvre en vous indiquant le moyen de détruire ce repaire de crimes. Au delà de cette colline il existe une gorge boisée ; il vous sera possible d'y pratiquer un chemin accessible aux canons et de gagner la crête qui, vers l'orient, domine le château : de là vous pourrez le bombarder par-dessus la vallée, et certes sa dernière heure aura sonné ! »

« Le conseil fut suivi. Par une nuit noire, les canons furent traînés sur les hauteurs. Pour éviter le bruit, on avait enveloppé les roues de chiffons et semé des herbes et de la paille sur tout le parcours.

« Huguel, ce jour-là, célébrait avec force libations un avantage remporté sur les Suédois. Comme l'impie roi Balthazar, il blasphémait contre Dieu et les hommes, lorsqu'un bruit terrible, suivi aussitôt d'une grande obscurité, vint consterner ses gens rassemblés dans le grand salon du château. Bientôt d'innombrables éclairs firent briller les rochers de reflets sinistres, et un tonnerre ininterrompu ébranla toute la vallée. Les Suédois avaient ouvert le feu ; leur première décharge avait brisé le candélabre doré qui éclairait le salon, et exercé ses ravages sur la table encore chargée des restes de l'orgie.

« Bientôt le château fut rempli de morts et de blessés. Huguel vit bien que sa cause était perdue ; mais, ne voulant pas tomber entre les mains des ennemis, il tira de son écurie le plus beau cheval, lui banda les yeux, puis, lançant un dernier blasphème vers le Ciel, il se précipita dans les noires profondeurs. Quelques pauvres prisonniers survécurent seuls au désastre et furent mis en liberté par les Suédois. Mais les charbonniers de la vallée, les bûcherons et les marcaires disaient entre eux : « Le jugement de Dieu a passé là. » Et depuis, les habitants des fermes environnantes voient la nuit errer un fantôme autour des ruines ; il porte avec soi une tête de cheval ; mais vers l'heure de minuit il disparaît dans les gouffres ténébreux des rochers.

— Quelle vérité faut-il tirer de ce récit ? me dit le proscrit.

— Que le méchant trouve toujours son châtiment, quelque puissant qu'il soit.

— C'est bien cela, et sa mémoire est maudite. »

Cependant nous entrâmes, au-dessus de la ferme du Rundmatt, dans le sentier qui conduit au Ventron. Ce sentier est un des plus escarpés des Vosges, et je crois bien qu'il n'est même plus accessible. Pendant plusieurs heures nous eûmes à ramper à travers des fourrés presque impénétrables, et la sueur ruisselait de nos fronts. Je crus m'être égaré ; j'eus peur au milieu de ces hautes fougères, de ces rochers, de ces sapins, de ces antres ténébreux et hantés par les loups, les sangliers et les oiseaux de proie. Plus d'une fois l'idée me vint de prendre la fuite et de laisser l'étranger se tirer seul de ce mauvais pas ; mais aussitôt je me reprochais cette lâcheté. Quant à lui, il me suivait patiemment et disait de temps en temps : « Eh bien, oui, on est en sûreté ici ; d'ailleurs, les terreurs de la nature sont moins à craindre que la malice de l'homme. »

Soudain nous sortîmes de la forêt pour passer dans des pâturages. La hauteur de la crête était atteinte, et quelques minutes plus tard nous étions arrivés au chalet du Ventron. « Quel joli pays! » dit le proscrit quand il vit ce gazon de velours tout parsemé de pensées aux mille nuances, de buissons de myrtilles, de gentianes en fleur. A nos pieds s'étendaient la vallée française de la Moselle et la colline des Charbonniers, et devant nous s'élevaient deux frères jumeaux : les ballons d'Alsace et de Servance. Mais, vers la vallée de Saint-Amarin, le roi des collines, le ballon de Guebwiller, semblait contempler d'un air superbe les nombreux vassaux qui lui sont tous inférieurs et lui rendent hommage, tant en Alsace qu'en Lorraine.

Quand nous entrâmes au chalet, le marcaire Hannes était occupé à mêler la présure à un chaudron de lait suspendu au-dessus du foyer, pour être converti en fromage. Jugez si les galettes de beurre et le vin blanc qu'il nous servit trouvèrent bon accueil!

Après une grande heure de repos, je quittai l'étranger, qui me donna pour récompense une pièce de cinq francs, et se promit de chercher un refuge chez quelque charbonnier de Lorraine.

Une pièce de cinq francs! je n'avais jamais tant possédé, et ma joie ne connut plus de bornes. Quand je me trouvai seul, je me mis à danser et fis mille extravagances. Je me crus plus riche qu'un roi. Comment emploierait-on ce trésor? Achèterait-on un habit, une chèvre, une montre? Cinq francs, c'était une somme énorme, et c'était de plus une pièce toute neuve; elle étincelait au soleil comme une étoile au firmament.

Revenu à la maison paternelle, j'étalai mon trésor, et ma mère, pour me rassurer sur le sort de ma pièce, l'enveloppa de coton et la serra dans une boîte. J'aurais considéré comme sacrilège quiconque eût osé y toucher.

Et maintenant, mes amis, si vous voulez savoir ce que devint ma pièce de cinq francs, elle ne vit le jour qu'à l'occasion de mon mariage et fut consacrée à l'achat d'une croix d'argent que ma femme a, en mourant, emportée dans la tombe !

LES GLORIEUX

ET

LES TRISTES SOUVENIRS

LES GLORIEUX

ET

LES TRISTES SOUVENIRS

Quelques semaines s'étaient écoulées depuis ma course au Ventron, lorsque de grands événements vinrent ébranler tout le pays. Ligny avait vu l'empereur arracher la victoire à l'Europe coalisée; mais à peine avait-on appris la nouvelle de ce succès, que déjà des bruits sinistres parcouraient les masses. « C'est du miel et du fiel, disait Christian, qui n'avait plus de nouvelles de son fils; on dirait une fête de famille suivie d'un enterrement. »

En effet, vers la fin du mois de juin on apprit la nouvelle du plus grand désastre : l'issue fatale de la bataille de Waterloo!... Désormais ce nom serait à inscrire en caractères de sang dans l'histoire des peuples.

Ainsi se terminaient des multitudes de victoires, de faits glorieux, de dévouements héroïques, de prodiges de valeur et de génie. Waterloo est la tombe du premier empire; c'est un des souvenirs les plus tristes, mais aussi les plus glorieux que les annales militaires aient à enregistrer; et quand Christian apprit le trépas des vieux vétérans, de ces hommes d'élite dont chaque soldat eût fait un officier et chaque sergent un général, il s'écria, avant d'avoir aucune nouvelle de son fils Hans : « A la bonne heure, voilà ce qui s'appelle des hommes! La garde meurt et ne se rend pas : on ne peut mieux mourir! »

Ainsi voilà le terrible bilan de l'époque que je venais de passer avant l'âge de seize ans : la France, après avoir été à la tête des nations de l'Europe, était épuisée, mourante, tenant en main un sceptre brisé, recouvert de lambeaux d'étendards mille fois glorieux; son territoire était amoindri (je ne compte pas comme une perte l'abandon de pays qui ne pouvaient rester français); de plus nous allions avoir une seconde invasion, plus implacable que la première, puis l'occupation du pays par les armées étrangères, et cela pour plusieurs années! Telles furent, mes amis, les principales clauses du traité de Vienne.

Nous revîmes les alliés; mais dans notre village nous eûmes, par exception, moins à souffrir que la première fois. Et pour la seconde fois on apprit le retour du roi Louis XVIII, et la dernière chute, définitive, de Napoléon, ainsi que son départ pour l'île de Sainte-Hélène.

J'avoue que tous les honnêtes gens furent touchés du triste sort de cet homme si extraordinaire, et que, si ses folies et finalement ses victoires même nous laissèrent froids, ses malheurs rendirent les yeux humides à chacun de nos montagnards. Ainsi trois îles résument en somme sa vie entière : l'île de Corse, son enfance et ses espérances; l'île d'Elbe, ses regrets; l'île de Sainte-Hélène, ses souvenirs.

On parlait de ces événements dans toutes les cabanes, et l'automne arrivait à grands pas, lorsqu'un soir, au moment où la cloche sonnait le tintin de l'angélus, quatre hommes entrèrent au village.

C'étaient les survivants de Waterloo. Quelle fête on leur fit! La nouvelle de leur arrivée s'était répandue avec la rapidité de l'éclair. Ils furent presque étouffés sous les embrassements. Malheureusement il y eut encore plus de pleurs que de rires : quatre sur douze, c'était bien peu!

Je ne sais comment cette nouvelle était parvenue au Bramont, mais le fait est que nous tous nous descendîmes au village, précédés de Christian, qui courait malgré ses soixante ans. Il avait le plaisir de retrouver son fils Hans, qui souffrait encore, il est vrai, d'une blessure à la jambe.

A la nuit noire, et munis de deux bouteilles de vin blanc que nous avions achetées, nous quittâmes le village pour fêter jusqu'à l'aube l'heureux retour de Hans à la cabane paternelle. Comme les grands sapins nous souriaient! Comme le feuillage des hêtres, argenté par les rayons de la lune, nous paraissait rajeuni! Et comme le murmure de la Thur, qui roulait ses ondes au fond du ravin, nous semblait mélodieux! Le cri même de la hulotte, retentissant au fond des forêts, charmait notre oreille; et devant la porte de la cabane le petit roquet, zélé gardien domestique, nous accueillit avec des hurlements de joie.

LA FAMINE

LA FAMINE

Une accalmie avait succédé aux longues tempêtes de la révolution et de l'empire; les larmes étaient quelque peu taries, et au cimetière de petites croix en bois rappelaient le souvenir des victimes de la guerre. On apprenait bien encore de temps en temps quelque nouvelle émouvante, mais on songeait avant tout à cultiver son morceau de colline et à jouir de la paix.

L'été de 1816 était arrivé, si l'on peut donner ce nom à des pluies froides et continuelles. Les marcaires, au haut des Vosges, faillirent périr de froid avec leurs troupeaux. Depuis Pâques jusqu'à la Saint-Martin, nos vallées ne virent que *vingt* jours sans pluie. Ce fut une disette générale, amenant avec elle les horreurs de la famine.

On eut alors recours à toute espèce d'aliments : des farines fabriquées avec des écorces, de la soupe préparée avec du son d'avoine, des feuilles de rhubarbe cuites dans l'eau, etc. Une pauvre famille du village se nourrit toute une saison de myrtilles, une autre avec du lait de chèvre, une autre avec de la soupe de son. Des personnes aisées firent le sacrifice d'un habit de soie pour avoir un demi-boisseau de pommes de terre; des objets de valeur furent cédés en échange d'un repas sans nom.

Chez nous, au Bramont, tout alla assez bien jusque vers le mois de décembre, où la privation de pommes de terre et de pain se fit cruellement sentir. Mon père venait de toucher vingt-cinq francs comme prix de différents travaux faits à la verrerie. « Si j'allais à Mulhouse pour le marché de Noël, dit-il en rentrant, je pourrais peut-être acheter des pommes de terre et les faire transporter dans notre vallée par le voiturier Abel d'Urbès. De plus, pour vous procurer le plaisir d'en goûter au jour de Noël, je vous en porterais immédiatement quelques-unes, et peut-être un pain. »

Ma mère fit bien observer que, pour aller à Mulhouse, il fallait faire en tout vingt lieues à pied; mais, en somme, la proposition fut bien accueillie. Le 23 décembre, mon père se mit en route, malgré un froid glacial et la neige, qui s'élevait à plus d'un mètre.

Le voyage, heureusement commencé, aboutit à une catastrophe. Il y avait grand marché à Mulhouse, mais les vivres y étaient rares. Mon père venait d'acheter pour vingt-quatre francs un petit sac de pommes de terre et se disposait à les payer, lorsqu'un grand gaillard, à la mine féroce, le saisit par le milieu du corps, lui arracha effrontément la bourse des mains, et disparut en renversant dans sa précipitation deux ou trois individus. Mon père et beaucoup de personnes se mirent à crier : « Au voleur! » Mais l'embarras d'hommes et de voitures ne permit pas de rattraper le fripon. Quel coup d'infortune! C'était la sueur d'un mois de travail qui se perdait; bien plus, la délicieuse fête de Noël était changée pour nous en un jour de deuil et d'affliction.

Et pendant ce temps nous comptions les minutes, attendant impatiemment le retour de notre père, que nous aimions tant; et puis il allait nous apporter des pommes de terre, que nous faisions cuire sous les cendres, et que nous mangions mélangées au lait doux : qu'elles seraient savoureuses!

Notre mère sortait à chaque instant; elle dévorait la vallée des yeux, cherchait à sonder la brume et les ténèbres, et ne cessait de répéter : « Pauvre Joseph! lui serait-il arrivé un accident? »

C'était le 24 décembre; la neige tombait à gros flocons; le vent mugissait dans les arbres dénudés; la hulotte poussait ses cris lugubres sur les rochers voisins. De temps en temps je sortais avec mes frères pour déblayer la neige du sentier. Ma mère était de plus en plus inquiète; jamais nous n'avions passé une veillée de Noël si anxieuse.

Enfin, — déjà le coucou de notre vieille pendule

avait annoncé la onzième heure, — une forme humaine se dessina dans les ombres, au bas du sentier. Elle se dirigeait vers notre demeure. — Est-ce notre père?

C'était lui, mais en quel état! Il était pâle, abattu, et, quand il se fut affaissé sur une chaise, il éclata en sanglots. Et ma mère, lui passant sa main dans les cheveux, lui disait : « Mais, mon cher Joseph, qu'as-tu? » En peu de mots il nous exposa la cause de son chagrin. Nous nous efforçâmes tous de le consoler, et bientôt la triste mésaventure fut presque oubliée.

A minuit, notre mère nous dit : « Mes enfants, soyons heureux du retour de votre bon père. Voici la sainte heure où Notre-Seigneur a daigné revêtir notre pauvre nature, pour nous apprendre par lui-même à souffrir. Adorons Dieu par une fervente prière. » Aussitôt toute la famille s'agenouilla dans la chaumière.

Les premières semaines après Noël furent pénibles à passer. Cependant la famine fut moins redoutable qu'on ne l'avait cru, grâce à la charité de tous nos braves montagnards. Tous s'entr'aidaient et faisaient cause commune : tout le village périrait, ou tous seraient sauvés; aussi n'eut-on, dans le plus pauvre des villages, à enregistrer aucun décès causé par la faim.

Ma mère donnait du lait aux nécessiteux, et on nous rendait en échange des pommes de terre ou un morceau de pain, que nous dévorions, quoiqu'il fût mauvais et noir comme de l'encre.

Vers la fin de janvier, le foin nous manqua presque totalement.

« Il faut rationner nos bêtes, dit un jour mon père.

— C'est impossible, objecta ma mère : il est permis de tuer les bêtes lorsqu'elles sont nuisibles ou que leur mort peut nous être utile, mais jamais il n'est permis de les faire souffrir.

— Et pourtant, répondait mon père, veux-tu tuer nos bonnes vaches ? »

A la fin il fallut bien se résigner à sacrifier Braïeule, la plus vieille de nos deux vaches. Sa chair fut en partie salée, en partie distribuée au village. Bientôt une chèvre eut le même sort.

C'en était fait de toutes nos bêtes sans une bonne idée de mon frère Antoine.

« Avez-vous le courage de me suivre? nous dit-il. L'hiver promet d'être long, et jusqu'à ce que les premières fleurs paraissent il passera, comme on a coutume de dire, de l'eau sous le pont. Mais il y a dans nos forêts une herbe toujours verte; nous n'aurons qu'à la déterrer sous la neige, et ce sera le cas d'appliquer le fameux proverbe : « Aide-toi, le Ciel t'aidera! »

— Antoine a raison, dit mon père. Cette herbe-là est excellente, et nous nous mettrons aussitôt à l'œuvre. »

Le même jour, plusieurs sacs furent remplis de cette herbe, que nous fîmes sécher avant de la donner à nos bêtes. Sans doute il était pénible de creuser la neige et la glace, et nos doigts étaient meurtris à cette besogne; mais Dieu bénit le travail : quand les premières marguerites poussèrent dans les prairies, notre vache et nos trois chèvres avaient encore très bonne mine. Nous étions sauvés, car l'année suivante fut une année d'abondance.

Ainsi, à l'âge de dix-sept ans, j'avais déjà vu quinze années de guerre, deux invasions, une famine. Fallait-il s'en effrayer? Non; quelles que soient les conditions de la vie, l'honnête homme dit, comme le vaillant pilote au moment de la tempête : « Toujours debout ! »

A LA CARRIÈRE DU SCHLITTEUR

Ce fut vers ce temps-là qu'on m'initia à la carrière du schlitteur. Une coupe devait être entreprise à la forêt du Rothenbach et du lac Marchais, situé sur le territoire de la Bresse. C'était une forêt vierge en partie. La portion située du côté des moraines du Bramont avait seule subi les atteintes, non de la hache, mais du feu; incendiée probablement par la foudre, elle était en partie anéantie. Un riche marchand de Massevaux en avait entrepris l'exploitation; souvent il venait au Bramont, et ne manquait pas d'entrer chez nous pour boire une tasse de lait doux. Comme ma mère le plaignait de la perte que lui avait causée l'incendie, il lui répondit : « C'est peu de chose, ma bonne femme; il faut être à même de supporter ces pertes : si l'on ne possède un tas d'écus assez haut pour pouvoir cacher un homme à cheval, on est coupable de se lancer dans le commerce ou l'industrie. »

Le voisin Christian et son fils Hans, les bûcherons Kasper, Klaus, Haïri, Franz-Sepp et mon père entreprirent l'abatage et le schlittage du bois. C'était un travail qui promettait d'être long et pénible. J'avais souvent aidé mon père dans son métier de bûcheron; mais je n'avais jamais conduit de schlitte à la montagne : ce genre de travail demande beaucoup de force et d'expérience et une tête sûre. Je devais, cet été-là, faire mes premières armes.

Avant de commencer l'abatage de la forêt, il fut convenu qu'on tracerait le chemin de schlitte. Haïri fit l'ingénieur. Tantôt il s'agissait de jeter un pont suspendu sur un torrent ou un ravin, tantôt de couper des broussailles, d'appuyer et de murer des talus. Ensuite il fallait tailler et poser les chevilles ou traverses, et enfoncer les pieux destinés à les soutenir. Ce travail nous occupa pendant plusieurs semaines.

Puis nous commençâmes à bâtir, dans les profondes forêts qui entourent le lac Marchais, notre baraque ou maison de bois, qui devait nous loger au moins deux étés. Christian et mon père en furent les architectes. Ils choisirent un terrain légèrement en pente, avec un sous-sol pierreux; et, pour éviter l'humidité, ils creusèrent au-dessus de l'emplacement un fossé profond de deux pieds. Un rocher s'élevait à quelques pas et nous abritait contre le vent. D'ailleurs, notre baraque était située dans une dépression de terrain dégarnie d'arbres élevés, qui eussent été un danger à cause de la foudre. Je me réjouissais d'habiter dorénavant ces solitudes, et de m'endormir tous les soirs au souffle du vent dans les forêts et au bruissement du feuillage.

La construction avança rapidement; elle était uniquement composée de pierres des moraines et de jeunes troncs de sapin; le toit fut couvert de branches, de mousse et de terre. L'intérieur fut divisé en deux moitiés; dans l'une on plaça un vieux fourneau en fonte; dans l'autre on établit sur des pieux un plan légèrement incliné qui servirait de lit à nous tous. Nos matelas furent simplement des branches de sapin, sur lesquelles nous étendîmes une couche épaisse de mousses aquatiques arrachées aux marais du lac. Une source, coulant à peu de distance, nous versait son onde pure.

Comme nous allions bien dormir dans cette maison construite de nos mains! Comme nous serions contents de ne plus descendre tous les soirs au village, après un rude labeur! Transformés en robinsons des forêts, nous converserions avec la nature; nous la verrions dans ses détails intimes; le son de quelque clochette retentissant au-dessus de nos têtes, ou les modulations lointaines du chant des pâtres, seraient désormais pour nous les seuls indices du voisinage de l'homme.

L'achèvement de notre palais fut fêté dignement. Les bûcherons se mirent en cercle, se découvrirent,

et le vieux Haïri, joignant les mains, fit la prière
suivante : « Bénissez, Seigneur, cet asile et tous ceux
qui l'habiteront; faites que jamais votre saint nom n'y
soit profané. »

Chaque colon eut double ration de vin et de tabac;
Hans, notre cuisinier, avait préparé un repas exquis,
et au sommet de notre toit il avait planté un sapin
orné de guirlandes et de rubans.

Ces travaux terminés, la grande besogne commença.
Aussitôt les scies grincent, les coups de hache retentissent et réveillent les échos. Quel bruit, quand un
de ces géants, vieux de plusieurs siècles et chargé
d'une longue barbe de mousses grises, s'affaisse sur
lui-même! Puis on fait les fagots : les uns coupent
les branches, d'autres préparent des liens. Les coins
sont enfoncés dans les troncs; la sève pleure ses
larmes, mais le fer est vainqueur; les bûches sont
coupées, puis mises en tas, pour passer ensuite à la
schlitte. Mais que de mains meurtries jusque-là! que
d'efforts presque surhumains!

Cette vie de bûcheron a cependant bien des charmes,
et je me ressouviens avec plaisir du temps passé dans
les vertes forêts. Au printemps, on voit la résurrection de la jeune feuillée et de toute la nature vivante;
on assiste à l'immigration de nos oiseaux chanteurs.
Aujourd'hui c'est le merle ou le rossignol qui prend
possession de son temple aérien; demain c'est l'a-
louette des bois, le chardonneret, la grive ou le
pinson, qui font une entrée triomphale dans leur
palais de verdure. La fauvette se fait artistement une

Chèvres montant au pâturage.

demeure avec des mousses, et le pivoine se construit, en chantant sa note monotone, une maison de racines.

En été, on entend les clochettes des troupeaux et le cor des pâtres; aux belles nuits, quand tout est repos et enchantement, les étoiles versent leur douce clarté jusqu'au fond des ravins, et la lune, suspendue au-dessus des rochers, transforme en nappe d'argent les flots de la source, et sème partout la lumière et les ombres flottantes.

En automne, on assiste au départ des oisillons qui venaient becqueter à votre porte et chantaient au faîte des arbres; la nature se fait vieille; les fleurs se fanent; les buissons se décolorent; les chants languissent; la forêt perd ses accents. On reprend alors le chemin de la vallée, pour passer l'hiver au coin du feu, où l'on voit flamboyer les branches que l'on a soi-même taillées.

Souvent nous faisions bonne chère dans notre baraque : nous allions chercher le beurre frais au chalet du Rothenbach, éloigné de moins d'une demi-lieue. Nous y prenions aussi tous les jours du lait excellent, et au besoin du vin. Nous avions même assez souvent des plats exquis que nous préparait Hans; dans ses nombreuses campagnes il avait étudié suffisamment l'art culinaire et réussissait assez bien. Il était pêcheur et chasseur, et nous ménageait mainte surprise : aux jours de pluie, aux moments de loisir, parfois au clair de lune, il descendait au lac et faisait provision de perches et de truites. Qu'elles étaient bonnes,

frites dans le beurre frais et arrosées de lait doux !
D'autres fois, il nous procurait un civet de lièvre ou
un plat de chevreuil. Alors on s'asseyait le soir en
rond devant le régal, qu'on dévorait d'abord des
yeux, et je vous laisse à juger de l'appétit qu'aiguil-
lonnaient le travail, la santé et le fumet tentant du
gibier.

Hans d'ailleurs variait le menu autant que possible : une partie du gibier était apprêtée avec les
condiments d'usage; l'autre, coupée en tranches
minces, était rôtie sur la braise. La volaille même ne
nous manquait pas, et notre savant cuisinier nous fit
manger plus d'une gélinotte et plus d'un coq de
bruyère. Ce bel oiseau surtout, dont le poids atteint
jusqu'à dix livres, nous fournissait des repas dignes
d'un roi.

Cependant Hans ne se permit jamais de tuer un
oiseau chanteur ou un animal utile, et, en vous parlant de notre chasse et de notre pêche, je n'entends
pas vous donner le goût du braconnage, toujours
illicite et toujours funeste; mais, en ces temps-là, ni
la chasse ni la pêche n'étaient louées chez nous, et
dans les forêts pullulait le gibier.

Le samedi soir seulement nous descendions au village, pour aller passer le dimanche au sein de notre
famille. Les jours de grande pluie, nous ne quittions
point notre demeure; c'était le moment de se raconter
les anecdotes, les légendes et les traditions du pays,
que j'ai retenues fidèlement.

« Il y a bien des siècles, nous dit un jour Haïri,

notre vallée était couverte d'une vaste forêt, habitée par une masse de bêtes sauvages dont la race n'existe plus chez nous, comme l'aurochs, l'élan et le chamois. Les rivières étaient peuplées de castors. La neige ne quittait jamais tout à fait les sommets les plus élevés des Vosges.

« Peu à peu la contrée se modifia; les forêts des bas-fonds furent abattues; des villages s'y élevèrent, et, au iii° siècle, le christianisme fit son apparition chez nos ancêtres païens : il fut prêché en Alsace par saint Materne d'abord, ensuite par saint Amand, saint Arbogast, saint Florent et saint Morand, qui fit planter la vigne dans le Sundgau.

« Notre pays fut aussi ravagé par Attila, roi barbare et féroce, qui se vantait de tout exterminer. A la seconde moitié du v° siècle, après avoir brûlé en Europe plus de trois cents villes, il passa le Rhin et dévasta complètement le vieux Strasbourg. Mais il eut à subir un échec dans nos vallées, où les montagnards lui tuèrent plus de vingt mille hommes.

« Plus tard, Clovis, premier roi chrétien, fut le souverain de notre pays. Lui et ses fils y bâtirent quantité de villes et de villages. Ainsi Colmar fut d'abord une ferme, où l'on avait établi une station de pigeons voyageurs. Plus tard encore, le grand Karl régna sur toute l'Europe et fit de nos forêts un de ses séjours favoris. Ensuite l'histoire mentionne, au compte de notre pays, une foule de guerres féodales.

« Vers l'an 1350, une maladie terrible, la peste noire, vint ravager toute l'Europe. Des pays entiers perdirent leurs habitants; d'autres, au contraire, furent à peine atteints. A Vesoul, soixante-dix-sept personnes seulement échappèrent au fléau; à Bâle, plus de quinze mille hommes périrent. La maladie était incurable; les personnes qui en mouraient devenaient immédiatement toutes noires. Notre vallée, alors très prospère, vit périr presque tous ses habitants. Des étrangers vinrent l'habiter; ils traversèrent la montagne du Ballon, et remarquèrent, vers les hauteurs boisées où s'élève actuellement Goldbach, un feu auprès duquel ils trouvèrent accroupies les trois seules familles qui eussent échappé au fléau. La vallée fut repeuplée; mais il lui fallut plusieurs siècles pour regagner son ancienne prospérité, et plusieurs fois encore elle fut dévastée par les guerres civiles et les invasions. Turenne, le plus grand général français de son époque, y passa, et Vauban, le plus grand ingénieur, y bâtit le Pont-Rouge sur la Thur, entre Urbès et Wesserling.

« A mesure que les villages se sont élevés, les forêts ont été reléguées dans les montagnes, et les marais desséchés; les bêtes féroces, sauf le loup et le sanglier, ont disparu; mais mon père connaissait au Bramont un vieux charbonnier qui avait encore vu l'ours dans nos pays. On y trouvait aussi plusieurs lacs complètement fermés de nos jours : l'un à Wildenstein; un autre entre Wildenstein et Kruth, à la Grossmatt; un autre près de Wesserling. Peu à peu le gazon les envahit; ils furent couverts d'herbes et convertis en prairies. Mais tous les matins ils annoncent encore leur existence souterraine par une brume épaisse.

« Ainsi en sera-t-il de la plupart de nos lacs. Aux bords poussent les plantes aquatiques, comme le trèfle d'eau et les joncs; ces plantes envahissent peu à peu la surface liquide, ramassent les feuilles qui tombent des arbres et les terres que l'eau transporte dans le lac; celui-ci perd tous les ans quelques pieds carrés de sa surface, et disparaît enfin sous une prairie marécageuse. »

Vers le milieu de l'été, nous commençâmes le schlittage. Ce travail fut pour moi un dur apprentissage. Je ne manquais ni de forces ni de bonne volonté; mais les forces et la bonne volonté ne suffisaient pas toujours, et je fis maintes fois, à mes dépens, l'expérience de ce proverbe : « Le commencement en toutes choses est difficile. »

Songez d'abord combien il est pénible de maintenir sur un chemin assez incliné une charge de deux à trois stères de bois vert. Cette charge, vous l'avez à votre dos; elle vous pousse, vous étreint, et vous force d'avancer en dépit de vos genoux qui fléchissent. Que votre traîneau prenne, pendant une seconde seulement, une allure trop rapide, et c'en est fait de vous : dans le schlittage, tout accident est grave. Si vous ne pouvez vous dégager de la schlitte, vous risquez d'être écrasé et d'être une cause de malheur pour les schlitteurs qui vous suivent. Un pied meurtri, une fracture sont des accidents assez fréquents.

Le schlitteur a rarement à exercer une force de

traction; mais, par contre, il a constamment à retenir une charge énorme, et cet effort ininterrompu brise tellement les jambes, que dès les premières courses on a les articulations enflées et les membres comme broyés.

Je ne fis point mon apprentissage sans accident : j'eus à enregistrer une écorchure grave aux deux genoux et un orteil écrasé, ce qui me rendit invalide pour quinze jours. Dans la suite je fus un schlitteur émérite, et ce métier si difficile devint chez moi une passion.

Ah! si j'avais encore mes jambes de vingt ans, je reprendrais avec plaisir le chemin des forêts. Mais depuis soixante hivers ont passé sur ma tête, et mes forces ne répondraient plus à ma bonne volonté.

Depuis ce temps, des fabriques, des usines se sont élevées dans chacun de nos villages; les forêts ont souvent été abattues; de belles routes sillonnent nos montagnes; une ligne de chemin de fer fait communiquer notre vallée avec toutes les contrées du monde, et enfin j'ai vu une troisième fois l'invasion et la situation politique de notre pays complètement changée.

Pour moi, je regrette le bon vieux temps. Souvent je me dis : Si le brave voisin Christian revenait au milieu de nous, quelles ne seraient pas ses réflexions! Quelle ne serait pas aussi sa douleur! Les cabanes des charbonniers n'existent plus; les noms même de beaucoup de mes anciens amis sont effacés des souvenirs; le temps, ce démolisseur terrible, réduit en poudre le palais comme la chaumière, mais fait germer éternellement sur les ruines du passé les nouvelles générations. Cependant, malgré toutes les révolutions, une chose n'a pas été modifiée : le travail est et demeurera toujours la seule source de bénédictions.

Mon bonheur le plus doux dans la vieillesse est de songer au plaisir que je procurais à mes parents, plus tard à ma chère femme et à mes enfants, quand je revenais au logis portant dans mes mains les blancs écus qui étaient le prix de mes peines. Alors je me disais avec un noble orgueil : Joseph, ceci est l'ouvrage de tes mains !

LE

COMMERCE DE BOUTEILLES

DANS LA VALLÉE DE MUNSTER

COMMERCE DE BOUTEILLES

DANS LA VALLÉE DE MUNSTER

J'avais atteint ma vingt-cinquième année, lorsque mon père nous dit un jour à mon frère Antoine et à moi : « Voici bientôt l'automne ; les fruits dans la vallée de Munster sont très abondants ; je crois que le commerce de bouteilles pourrait se faire avec succès, car les gens du pays de Metzeral sont de fameux distillateurs. Vous allez m'accompagner, chacun avec une charge de bonbonnes et de bouteilles, vers la vallée de Munster ; nous suivrons le vignoble jusqu'à ce que nous ayons tout vendu. Mais d'abord armez-vous de courage et de patience. »

Nous descendîmes donc au village pour faire nos

achats. Un tiers environ de notre marchandise fut payé comptant; le reste nous fut cédé à crédit.

Nous voilà en route portant chacun une charge de plus d'un quintal, qui le fait plier en deux. Nos verres sont emballés dans une immense hotte, bien calfeutrée de paille et de mousse. Avec cette charge, équilibrée le mieux possible, il nous faut gravir les sentiers escarpés, ravinés, qui conduisent au haut du Rothenbach, et de là descendre ensuite dans la vallée de Munster. On ne peut se faire une juste idée de pareilles fatigues sans les avoir endurées soi-même. Un seul faux pays, le pied glissant sur une racine masquée par le feuillage, et tout est perdu, vos peines et votre argent! Comme nos yeux mesurent les sinuosités du sentier qui s'enfonce dans la haute futaie! Et que nous sommes ravis lorsque enfin nous apercevons au-dessus de notre tête le chalet du Rothenbach, perché sur les pâturages de la haute montagne! Encore une demi-heure, et nous y sommes, baignés de sueur, les veines gonflées par la chaleur et plus morts que vifs.

Nous y trouvons le bon marcaire Mathis, qui s'empresse autour de nous, nous aide à sortir des courroies de nos hottes, et nous sert aussitôt tout ce dont il dispose. Les courroies se sont dessinées sur nos épaules par une large bande bleue. Néanmoins il faudra bientôt reprendre patiemment notre charge, sans songer même à murmurer contre son sort; car quel autre moyen le pauvre a-t-il de vivre, sinon la sueur de son front? Et n'est-il pas récompensé lorsque sa conscience, après la tâche accomplie, lui dit : Tu as fait ton devoir?

Nous sommes assez heureux de vendre, au chalet même, une cinquantaine de bouteilles à des Lorrains qui se rendent à la Bresse. Cela nous soulage beaucoup, car nous avons encore un long chemin à faire. « En route! nous dit mon père après une heure de repos; une longue halte nous serait funeste; la nuit et le mauvais temps pourraient nous surprendre, et Dieu sait ce qui nous arriverait! »

A partir du chalet le sentier se dirige en pente douce vers la crête de la montagne. Devant nous se dresse le pic du Rheinkopf, un des plus escarpés et des plus élevés de toute la chaîne : il mesure mille trois cent dix-neuf mètres d'altitude. Il élève fièrement vers le ciel sa tête triangulaire. Ses rochers, étagés jusque dans les profondeurs, menacent de leurs ruines le terrain concédé à l'homme.

Lorsqu'on a franchi la crête, on voit subitement toute la vallée de Munster avec ses rochers, ses chalets, ses grands bois et ses villages, la plaine de l'Alsace, et au delà un filet bleu qui est le Rhin.

La vallée de Munster est très pittoresque; c'est vraiment la Suisse des Vosges. Hautes crêtes où sévissent les ouragans et où séjournent, suivant la saison, les neiges étincelantes, les plantes rares, les pâtres et les plus jolis troupeaux des Vosges. Tantôt ce sont des pâturages fleuris situés sur des précipices, tantôt des rochers et des antres inaccessibles au pied de l'homme; ici des cascades retentissantes, là des bocages pleins de poésie et de sombres forêts; plus loin des cabanes enfouies dans les arbres fruitiers et des vignes chargées de raisin vermeil; partout la verdure des prairies avec les sources ruisselantes, une des routes enfin les plus magnifiques de l'Europe. Ajoutez à tout cela un langage étrange, un costume original, l'agriculture et l'industrie les plus florissantes, unies pour produire la prospérité et la richesse : tels sont les traits principaux de ce petit pays, qui commence aux rochers escarpés de la Schlucht, aux sommets majestueux du Hohneck et du Rheinkopf, pour finir aux treilles de Turckheim et aux jardins de Colmar.

Pour descendre, le sentier s'enfonce en tire-bouchon à travers des rochers menaçants; un vent glacial monte vers vous en gémissant dans les ravins; des flaques de neige s'étendent autour de vous et persistent presque toute l'année; les narcisses, l'anémone, la centaurée des montagnes, cent autres plantes rares poussent sur les escarpements, mélangées aux buissons de myrtilles, qui sont innombrables. Une pareille descente, avec une lourde charge au dos, ne peut que causer une fatigue accablante : elle n'est pas non plus sans dangers, et pourtant j'ai fait près de deux cents voyages par ce même sentier.

Nous traversons ensuite, et non sans peine, ce qu'on appelle les Staffeln, c'est-à-dire les Escaliers. Un faux pas amènerait notre perte certaine; aussi faisons-nous tout ce trajet sans échanger un mot.

Enfin nous atteignons le plateau où s'élève le premier chalet de la vallée de Munster, avec les gazons vert foncé qui caractérisent cette terre de pâturages. Ce ne sont partout que blocs immenses, détachés des rochers, disséminés dans les gazons, et qui donnent à ce plateau un aspect funèbre; çà et là on y trouve une croix posée sur quelque rocher pour marquer le lieu d'un désastre. Ici un père et son fils ont été trouvés morts, précipités par une avalanche; là un jeune voyageur périt dans la neige; ailleurs un pâtre a été frappé de la foudre. Autour de vous naissent les sources nombreuses de la Fecht.

Nous arrivons d'abord au hameau de Mittlach, puis au gros village de Metzeral, et partout nous crions de toute la force de nos poumons : « Bouteilles incassables, à trois sous pièce. » Les femmes avec leur costume bizarre, debout devant les portes, nous voient passer, non sans sourire, car nous sommes tous les trois si petits, que notre hotte est quasi plus longue que nous.

Nous entrons au *Soleil* de Metzeral pour passer la nuit. Un cercle de curieux se forme autour de nous; on discute, on conteste la solidité de nos verres; mais mon père, avec une dextérité dont il a seul le secret, prend les bouteilles une à une et les lance si adroitement sur le plancher, qu'aucune ne se casse. Cela achève de gagner les acheteurs, et avant la nuit nous vendons plus de la moitié de notre chargement.

Le lendemain nous continuons de descendre cette belle vallée de Munster, qui vend annuellement pour un million de francs de fromages, et récolte en outre

7

un excellent vin. Nous atteignons Munster, capitale de la vallée. C'est une ville bien située, d'environ cinq mille habitants. On y remarque surtout les fameux établissements industriels de MM. Hartmann, qui occupent quelques milliers d'ouvriers. De nos jours, une ligne ferrée la relie à Colmar et à Neuf-Brisach.

Au-dessous de Munster commence un des plus riches vignobles de l'Alsace. Aussi comptions-nous y faire un commerce lucratif. Nous traversâmes donc les fameux villages de Wihr-au-Val, de Zimmerbach, de Walbach, et, arrivés à Turckheim, nous avions presque tout vendu.

Turckheim a été jadis une place forte. Elle fut prise par Turenne en 1674, et ses fortifications furent rasées. C'est maintenant encore un bourg très important, situé sur la Fecht, à l'issue de la vallée. Des vignes escarpées sont étagées jusqu'au sommet de la montagne et donnent le fameux vin rouge dit du Brand.

Nous eûmes rapidement vendu le reste de notre marchandise. Mon père estimait le bénéfice net à quinze francs, somme énorme à nos yeux. En retournant nous visitâmes les bains de Soultzbach et aussi la petite vallée de Munster, ou vallée latérale dite Klein-thal, pour y annoncer notre prochaine visite et inscrire nombre de commandes.

La petite vallée de Munster, où l'on trouve les beaux villages de Sultzeren et de Stosswihr, est magnifique et ne saurait assez être recommandée à l'attention du touriste, surtout depuis que la route célèbre de la

Schlucht, dont je vous parlerai plus tard, y passe,
pour aboutir à Gérardmer. Tout est riant dans ce
vallon paisible; chaque parcelle de terrain est occupée
par les pâturages et les arbres fruitiers; le site lui-
même, très restreint, vous absorbe et vous fait rêver
aux douceurs de la retraite et aux charmes d'un ermitage. Bien des habitants n'ont pour tout horizon que
la colline verdoyante qui s'élève à côté de leur cabane;
les spectacles grandioses et les fortes émotions leur
font défaut; par contre, ils jouissent à satiété du
bonheur calme que Dieu répand sur leur coin de terre
natal.

Nous nous étions réjouis de rentrer chez nous sans
charge aucune; mais, comme nous visitâmes à notre
retour bien des familles hospitalières et amies, nous
eûmes à endosser, à titre de cadeaux, toute une car-
gaison de fruits et de légumes.

Nous fîmes, cet automne-là, encore une demi-
douzaine de voyages semblables, et à l'entrée de
l'hiver il nous fut possible, avec l'argent gagné,
d'acheter un petit pré qui touchait à notre propriété:
en souvenir de son origine il fut appelé le « pré des
Bouteilles ».

MON MARIAGE

MON MARIAGE

J'étais arrivé, en consacrant au travail chacun de
mes instants, à l'âge de vingt-sept ans. Depuis quelques
années, j'exerçais pendant l'hiver le métier de fondeur
à la verrerie ; mais en été je reprenais celui de guide
et de bûcheron.

Ma nouvelle profession m'obligeait à passer tout
l'hiver au village. Or, parmi les personnes chargées
du mélange des matières premières qui entraient dans
la fabrication du verre, se trouvait une jeune et charmante orpheline, recueillie par un oncle auprès de
qui elle s'employait comme servante. C'était une tra-
vailleuse infatigable, douce, modeste, prévenante et
bien au courant de tous les travaux domestiques.

En hiver, elle avait à soigner plusieurs vaches qu'on
nourrissait dans un chalet au milieu des forêts de

l'Altenberg ; il lui fallait faire deux fois par jour un voyage pénible, malgré la pluie et les neiges.

Souvent, ému de compassion en la voyant à la verrerie plier sous le faix, j'avais cherché à la remplacer dans les besognes les plus dures. Peu à peu un sentiment nouveau, le plus grand et peut-être le plus sacré de tous, l'amour, était né dans nos cœurs. Nous nous voyions tous les jours, et notre affection en croissait d'autant. Oui, j'aimais la bonne Marie-Anne, et j'avais le bonheur d'en être aimé. J'avais avoué ce sentiment intime à mes parents, qui, connaissant la jeune fille, m'avaient approuvé. Je me sentais le courage de travailler nuit et jour, de m'imposer tous les sacrifices pour nourrir, avec l'aide de Dieu, une nouvelle famille. Bref, au mois de mai de l'année 1827, je conduisis ma chère Marie-Anne à l'autel. Comme elle était belle ce jour-là, parée d'une couronne de roses blanches !

Ah ! quand je réveille ces chers souvenirs, je sens les larmes me gagner. Me voilà veuf depuis dix ans ; notre union (je dis notre union dans le vrai sens du mot) a duré quarante-trois ans. Nous avons élevé sept enfants, non sans avoir eu bien des jours pénibles à passer ; mais la peine n'est rien, lorsque le mariage est cimenté par l'amour, et que l'union et la concorde, ces biens célestes, ne font point défaut chez les époux. C'est là ma consolation la plus douce ; lorsque, agenouillé dans l'herbe humide qui recouvre la tombe de ma chère épouse, je me dis : Ma bonne Marie-Anne, nous avons été heureux ensemble ; maintenant nous sommes séparés, mais notre séparation n'est pas éternelle ; nous nous reverrons là-haut.

Quand je me suis marié je n'avais pas de bien ; mes parents, malgré une vie de travail et de fatigues, étaient demeurés pauvres, mais honnêtes. Le jour de mes noces je portais des souliers raccommodés. Marie-Anne avait pour toute dot trois cents francs ; ils servirent à acheter le nécessaire. Aurais-je pu trouver une compagne mieux partagée du côté de la fortune ? Assurément, et même plus d'une proposition avantageuse avait été faite dans ce sens à mes parents. Mais fallait-il ne compter pour rien le mérite personnel, l'inclination du cœur, les vertus et les qualités morales ?

J'ai lu que, dans certains pays sauvages, les femmes sont vendues en place publique au plus offrant. Ces mœurs, si contraires au christianisme, nous révoltent, et pourtant, hélas ! ne sont-elles pas les nôtres en quelque façon ? Une jeune fille a-t-elle l'âge d'entrer en ménage, ses parents la vendent à quelque homme riche qu'elle ne connaît souvent pas, qu'elle n'aime pas, qu'elle n'aimera peut-être jamais, mais qu'en dépit de la loi elle n'a pas la liberté de refuser. De son côté, souvent le jeune homme recherche uniquement la fortune, et fait de la plus sainte des alliances un marché financier ; il devient même hypocrite, usant de toute espèce d'intrigues, quelquefois criminelles, pour enchaîner à son sort une femme qui, plus tard, ne pouvant ni l'aimer ni même l'estimer, verra sa vie changée en un enfer.

Pour moi, j'ai été heureux parce que j'ai aimé sincèrement ma chère Marie-Anne et que je voyais mon
affection partagée. J'aurais eu le courage de mourir
pour elle, comme elle eût sacrifié sa vie pour moi.

Un an après notre mariage, la naissance d'une
charmante petite fille, à qui je donnai le nom de sa
mère, vint augmenter le bonheur dans notre maison.
Cependant un nuage terrible assombrit notre horizon
et donna une fois de plus raison au proverbe : Il n'y
a pas de maux plus cruels que ceux dont on est soi-
même l'auteur.

DEUX LEÇONS DE JEU

DEUX LEÇONS DE JEU

Un matin, on vint me trouver pour m'annoncer qu'une famille alsacienne désirait franchir les Vosges et descendre vers Guebwiller. Le guide officiel, c'était toujours moi : une demi-heure après j'étais en route.

Le chemin qui se dirige vers la vallée de Guebwiller vous amène d'abord, par la forêt de sapins du Schaffert, aux chalets du Schaffert, du Hahnenbrunn et du Lauchen. Là se trouve le point culminant du passage, car le sommet du Lauchen dépasse mille trois cents mètres d'altitude. De mon temps, le chalet du Lauchen était habité par un anabaptiste très renommé comme magicien. Mais sa magie, à mes yeux, n'était autre chose qu'une connaissance parfaite de tout ce qui concernait l'agriculture et surtout l'élève du bétail.

Le Lauchen est une montagne dont le front immense, couvert de pâturages et de buissons rabougris, s'élève comme une tente entre les trois vallées de Munster, de Guebwiller et de Saint-Amarin. Des sources nombreuses ruissellent de ses flancs, et il n'est pas rare de voir dans ses plis les neiges persister en dépit de la saison des fleurs.

En quittant le chalet du Lauchen pour descendre dans la vallée de Guebwiller, on s'enfonce dans une vaste forêt de sapins traversée par les nombreux affluents de la Lauch. La vallée de Guebwiller est une des plus courtes, mais peut-être la plus profonde des Vosges. Pénétrez dans ces vieilles futaies, une musique étrange les anime : le torrent bouillonne sous les sapins; dans les fourrés et les hautes fougères, le chevreuil et le sanglier passent comme une ombre, tandis qu'au-dessus de votre tête le chamois exécute ses danses aériennes.

Voici un gazon uni et marécageux : c'est le premier

réservoir des sources de la Lauch. Bientôt un ruisseau profond bondira sous vos pieds; mille fois brisé par les rochers élevés, entravé dans son cours par les blocs entassés et les arbres charriés, il se recueille devant les obstacles, condense ses forces, ramasse ses ondes, s'échappe de ses entraves, et s'élance enfin, avec un sourd grondement, dans les sombres gorges de la montagne.

Le premier village qu'on trouve dans la vallée de Guebwiller est Linthal. C'est une oasis au milieu de forêts et de rochers. Viennent ensuite les villages industrieux de Lautenbach, de Buhl, et enfin la ville de Guebwiller, une des plus riantes de l'Alsace. Avant d'y entrer on se rapproche des flancs de la montagne et l'on coudoie les ruines du château de Hugstein, auquel se rattache une sombre légende.

Un des premiers seigneurs qui habitèrent ce château était cruel et impie. Un jour on le trouva mort dans un appartement retiré; il avait la gorge ouverte par une morsure. Un chat noir était blotti à côté du cadavre; dès qu'on parut, la bête s'enfuit vers la forêt. Quand on voulut ensevelir le seigneur, un ouragan secoua tous les arbres et fut suivi aussitôt d'un grand calme. Ceux qui portaient le mort se sentirent subitement allégés. Pleins de frayeur, ils déposèrent le cercueil. On l'ouvrit; on n'y trouva qu'un scarabée noir qui s'envola dans les airs.

Guebwiller est devenu une ville importante. Les fabriques occupent une nombreuse population ouvrière. L'église Saint-Léger mérite de fixer l'attention

du visiteur. Enfin les vignobles des environs produisent
un des meilleurs vins de l'Alsace.

De Guebwiller, il vous est facile de faire l'ascension
du Ballon, ou de visiter le vallon de Murbach, dont
l'abbé avait, jusqu'en 1789, la dignité de prince. Vous
pouvez aussi vous diriger vers les pèlerinages célèbres
de Saint-Gangolphe et de Thierenbach, magnifiquement situés, ou vers la vallée de Soultzmatt, riche
en vignobles et en belles forêts. Soultzmatt possède
une source minérale très renommée. J'y conduisais la
famille dont je parlais tout à l'heure, et qui me donna
un fort salaire pour prix de mes services; je revins
chez moi après deux journées de marche.

Vers minuit je frappai à ma porte. Ma femme veillait
encore, car elle m'attendait avec assez d'inquiétude.
C'était un samedi soir. Je lui remis le bel argent que
j'avais gagné; mais je ne sais quel mauvais esprit
m'inspira de garder une pièce d'un franc en vue du
dimanche. C'était mal agir; je manquais ainsi de
franchise envers ma femme, et d'ailleurs elle n'eût
pas oublié le dimanche de me dire : « Joseph, si tu
veux te récréer au village, prends quelques sous. »
Hélas ! je comptais faire de ma pièce un emploi ina-
vouable : elle serait consacrée au jeu. Mais le châtiment devait suivre la faute.

Le dimanche, après l'office du soir, j'entrai avec
quelques amis à l'auberge de « l'Écureuil », et bien
vite on engagea une partie de rams. Le hasard me fut
favorable : je gagnai sou par sou une somme de trois
francs. Je remarquai combien les têtes s'échauffaient

par l'action de la boisson et du jeu; je vis combien de pauvres bûcherons, dont j'avais toujours été l'ami sincère, devinrent froids à mon égard et presque menaçants, quand j'eus accaparé leurs sous si péniblement gagnés.

Donc, premier résultat funeste du jeu : il vous procure un argent qui ne vous appartient pas; il vous rend âpre au gain, rapace, égoïste, insensible; il vous aliène le cœur de vos amis et engendre la haine, la vengeance, souvent le désespoir; en un mot, il est cause d'une foule de maux sans procurer aucun bien.

Vers six heures du soir, mes compagnons déclarèrent la partie terminée. Je sortis honteux et j'allais faire quelques emplettes pour le ménage, lorsque je rencontrai M. Griner, patron de la verrerie. « Ah! vous voilà, Joseph, me dit-il; je vous attends pour vous remettre la paye des dernières fontes. » Puis il m'invita à le suivre à son bureau, où il me remit une somme de vingt-cinq francs. Comme ma femme serait heureuse! Je lui porterais cet argent avec une bouteille de vin pour le repas du soir!

Malheureusement j'eus à repasser devant l'auberge de « l'Écureuil ». Une société nombreuse s'y trouvait, parmi laquelle je remarquai mes partenaires. On ouvre la fenêtre; on me fait entrer; on m'invite à une nouvelle partie. Volontiers j'aurais cédé ce que j'avais gagné pour être libre de m'en aller; mais je devais être puni par où j'avais péché. Je gagnai d'abord deux, puis trois, puis dix francs. Je perdis alors complètement la tête et ne vécus plus que pour

8

les atouts, pour les « as de trèfle », les « rois de cœur »,
et que sais-je? Mais finissons cette lamentable histoire :
à minuit j'étais encore attablé, quoique plongé dans
le plus sombre désespoir : j'avais perdu tout, absolu-
ment tout. Quel désastre! que dirais-je à ma famille?
Ah! que je maudis alors le jeu! Malheureusement il
était trop tard. Je me voyais dépouillé; j'entendais les
pleurs de ma femme, réduite pour quelque temps aux
plus dures privations, et tout cela par ma faute!

Je ne sais comment j'arrivai au logis : je voulus
cacher ma mésaventure à ma femme, mais les re-
mords ne me le permirent point, et je lui avouai tout.
Elle ne dit qu'un mot : « Joseph! » puis pâlit, et je
vis une larme se glisser le long de sa joue; mais elle
me toucha plus que des torrents de pleurs.

Vous croyez sans doute que j'ai été radicalement
guéri de la passion du jeu? Hélas! non. Deux ans plus
tard j'accompagnai un de mes cousins en Lorraine, à
la foire de Cornimont. Cette ville de quatre mille cinq
cents habitants est devenue, grâce à son industrie et
à la voie ferrée qui la relie à Remiremont, un des
plus fameux centres du département des Vosges.
L'étranger y admire une belle église gothique, un
château, de beaux jardins et une cascade importante
de la Moselotte. Quantité de fermes, suspendues aux
flancs des montagnes, ajoutent leurs produits aux richesses nées de l'industrie.

Nous avions, mon cousin et moi, une charge de
chanvre que nous comptions vendre assez facilement.
En effet, à trois heures du soir nous avions échangé

toute notre marchandise contre de la bonne monnaie.
Nous nous disposions au départ, lorsque, sur la place
publique, nous fîmes la rencontre de plusieurs personnes de notre vallée, qui nous invitèrent à boire.
Malheureusement on en vint de la boisson au jeu. Je
me rappelais bien mes chagrins d'autrefois, mes pro-
messes sacrées, les privations de plusieurs mois ame-
nées par une partie de jeu. Cependant je me disais :
Si tu jouais une dernière fois encore, tu pourrais
regagner les vingt-cinq francs perdus il y a deux ans!
Ai-je le courage de vous l'avouer? Oui, je veux aller
jusqu'au bout de ce honteux récit : je jouai comme la
première fois, avec cette différence que mes partenaires étaient bien moins honnêtes que les bons bûcherons de la verrerie; je perdis tout, jusqu'à trois
gros sous !

Vous dépeindre l'état de mon âme serait impossible. Cette fois, je ne me sentais plus le courage
de faire des aveux à ma femme : je mentis pour me
défendre. D'abord j'empruntai de mon cousin une
somme de six francs, et je l'obligeai ainsi de mentir
en ma faveur, pour persuader à ses parents que la
vente du chanvre avait été assez peu fructueuse.

Avant de paraître aux yeux de ma femme, je montai
à la cabane du voisin Christian et le priai de me prêter
également quelques francs; cela pouvait me permettre
de cacher tous mes torts; jamais ma pauvre Marie-
Anne n'en saurait rien!

Je me vois encore longeant la montagne et traversant les prairies, comme ferait un voleur, car il m'im-

portait de ne pas éveiller l'attention de ma famille. Quand je racontai ma triste aventure au vieux Christian, il me regarda d'un œil fixe et sévère, puis monta au grenier sans mot dire, tira une bourse d'une vieille armoire, et en sortit un écu et demi qu'il me remit en disant : « Joseph, tu es en bonne santé, tu es marié depuis peu de temps; ton excellente femme est très économe, et te voilà obligé de recourir aux deniers d'un vieillard pour solder une partie de cartes! Prends ceci; je ne veux pas que tu me rendes cet argent; c'est une aumône que je te fais, car tu es doublement pauvre : tu es l'esclave de ta passion et tu es fou; oui, tu es un pauvre fou, car les fous seuls agissent contre la raison. Pourtant je te réclamerai cette somme, et même je dévoilerai ta conduite à ta femme et à tes vieux parents, si jamais tu retournes au jeu! »

Maintenant vous savez les raisons pour lesquelles, depuis cinquante ans, je n'ai plus joué. Haine éternelle au jeu!

L'HIVER DE 1829

L'HIVER DE 1829

Cependant je venais de m'établir au village, où j'avais loué un petit appartement, ne voulant pas être plus longtemps une cause d'embarras pour mes vieux parents.

Le premier hiver que nous passâmes ainsi fut le plus rude de ma vie. Depuis le 25 novembre jusqu'au 24 janvier, les ruisseaux et les rivières demeurèrent enveloppés d'un épais manteau de glace; l'eau gelait dans les appartements; les sources étaient comme pétrifiées, et pour avoir un peu d'eau il fallait faire fondre des glaçons sur le feu.

Ma femme avait en automne ramassé des herbes, et nous avions acheté une chèvre; inutile de dire combien nous tenions à cette première nourrice du ménage.

Mais, malgré tous nos soins, nous la trouvâmes un matin morte de froid. Le thermomètre marquait 28° et jusqu'à 30°; pendant deux mois le minimum du froid fut de 16°.

Les arbres fruitiers périrent presque tous, et dans les forêts on entendait le bruit sinistre des pins et des hêtres qui éclataient sous l'action du froid. Les rochers s'entr'ouvrirent sous l'effort de la glace. Bien des malheureux succombèrent; d'autres eurent des membres gelés. Nous manquâmes bientôt de bois, et le froid intense ne permettait pas d'en chercher. Malgré les fourneaux chauffés au rouge, les vitres des appartements demeuraient gelées; les loquets des portes s'attachaient aux mains et les ensanglantaient.

Ce rude hiver doit compter parmi les plus terribles que l'histoire ait enregistrés. On sait qu'au viie siècle il y eut un hiver tel, que la mer Noire gela complètement. Celui de 1709 amena aussi des désastres incalculables. Les arbres et les plantes périrent; la famine et les épidémies vinrent ensuite désoler les villes et les campagnes. Les loups entraient dans les rues en plein jour; les chiens dévoraient les cadavres des personnes mortes de froid ou d'inanition. En 1740, la mer Baltique fut couverte d'un épais manteau de glace, et on put la traverser en traîneau des côtes de la Suède à la ville de Riga en Livonie. L'hiver de 1788-1789 fut un des plus terribles du siècle dernier; des milliers d'hommes périrent de froid. Celui de 1854-1855 fut rigoureux, surtout en Orient : dix-huit mille hommes de l'armée des alliés durent être amputés pour cause de froid au siège de Sébastopol.

Au mois de février 1830, nous profitâmes, mon père et moi, d'un jour plus favorable pour aller chercher deux charges de pain à Gérardmer. Tous les lacs étaient couverts d'une croûte de glace épaisse de plusieurs pieds; nous traversâmes la Longemer au lieu de la contourner. C'était un spectacle intéressant de voir les piétons, les chevaux et les voitures courir en toutes directions sur un lac profond de plus de cinquante mètres.

Vers le printemps, quand la température se radoucit, la fièvre scarlatine se déclara dans notre village, et bientôt notre enfant en fut atteinte. Que de tristes nuits eus-je à passer! Les fontes à la verrerie, lorsqu'on n'employait que du bois vert ou souvent mouillé, duraient des vingtaines d'heures; et quand je rentrais chez moi, harassé de fatigue, il me fallait veiller au chevet de mon enfant ou courir aux forêts. Il m'arriva ainsi de passer une semaine entière sans trouver deux heures de sommeil. Mes yeux étaient enflammés comme deux charbons ardents, et, quand je revenais auprès du four de la verrerie, mes douleurs, irritées par l'éclat du feu, devenaient intolérables.

Cependant, je puis me rendre cette justice, je ne faillis pas au devoir, et jamais ma femme ne me vit de mauvaise humeur.

Ma bonne Marie-Anne avait d'ailleurs besoin de consolation : la femme de notre propriétaire était dure, hautaine, et nous faisait cruellement sentir

notre basse condition. Elle avait grand soin de faire
sonner ses écus aux yeux de notre pauvreté ; elle
marquait le bois, pour voir si ma femme, tourmentée
par le froid, ne se permettrait pas de dérober une
bûche. Notre enfant ne pouvait faire un pas ni pousser
un cri sans nous faire tressaillir, de crainte d'une
scène violente.

Un jour que ma femme avait beaucoup pleuré, je lui
dis : « Il faut que cet état de choses finisse ! courage
et patience ! Si Dieu me prête vie, nous aurons une
maison à nous, ne serait-ce qu'une baraque élevée de
mes propres mains. »

Cependant notre enfant guérit ; elle eut bientôt un
petit frère. La famille augmentant, il allait aussi
augmenter nos ressources. Nous vivions avec la plus
stricte économie, n'ayant que le nécessaire ; maintes
fois même je m'étais contenté, pour tout repas, de
pommes de terre et de sel ; il n'y avait donc pas lieu
de réduire nos dépenses. Un seul moyen restait à ma
disposition : augmenter encore la dose du travail quo-
tidien, et c'est ce que j'entrepris et menai à bonne
fin, avec le secours de Dieu.

Après tant de souffrances, l'été était venu, et le
travail avait cessé à la verrerie : je repris ma hache
de bûcheron et ma schlitte.

Il fallait gagner, gagner beaucoup, car les vivres
étaient chers. J'assenais de vigoureux coups de hache
aux vieux troncs noueux, et j'augmentais mes charges
de traîneau. Heureusement l'été nous fut favorable :
jamais le travail ne chôma, et, de plus, quantité

d'étrangers vinrent visiter notre pays. Les hôteliers Griner et Michel Hug me les adressaient toujours, en sorte que chaque semaine je servais une ou deux fois de guide.

Parfois j'étais obligé de sacrifier à la besogne tout mon repos du dimanche. Cela ne manquait pas de m'affliger, lorsque, au lieu de suivre les fidèles à l'église paroissiale, il me fallait prendre ma canne ferrée et escalader les montagnes avec une charge qui souvent allait à quatre-vingts livres.

A côté de la verrerie, sur le petit pont de la Thur, s'élevait jadis une croix de pierre. Avant la construction de notre église, les habitants s'y rassemblaient le dimanche soir; là, n'ayant d'autre temple que la voûte du ciel, ils faisaient en commun quelques prières. Souvent, du haut des montagnes, je voyais ce spectacle si touchant pour moi, et je m'associais de cœur et d'âme aux prières de la communauté.

LA SCHLUCHT ET GÉRARDMER

LA SCHLUCHT ET GÉRARDMER

Un soir que j'étais revenu bien tard de la forêt, la servante de M. Griner vint m'annoncer qu'une famille parisienne désirait visiter le célèbre col de la Schlucht, et partir à deux heures du matin pour voir le lever du soleil au haut de la montagne.

C'était au mois de juin. J'avais au moins soixante livres de bagages à porter; cependant je n'hésitai point à engager ma parole pour ce voyage pénible. Il me serait dur sans doute de me coucher vers onze heures et de me lever avant deux heures du matin; mais ne me fallait-il pas faire des prodiges de travail pour arriver au but que je me proposais? L'hésitation ne m'était donc pas permise. Qu'il est difficile de se créer de modestes ressources, lorsque au point de départ on ne possède rien! Mais aussi avec quel plaisir ne voit-on pas ses sueurs porter leur fruit! Nous sommes, en général, les artisans de notre propre destinée; ne parlez donc ni de chances ni de hasards : la fortune amassée par le travail est la seule profitable.

Nous partîmes à l'aube du jour, bien munis de provisions de toute nature.

La nuit enveloppait encore la vallée; un air délicieux nous réconfortait; la cigale faisait entendre dans les hautes herbes son cri-cri monotone, et dans les grands bois le rossignol exécutait ses douces mélodies.

Malgré la fatigue que j'éprouvai aux premières montées du Rothenbach, où les sentiers sont raides et pierreux, je ne pus rester insensible aux charmes de la nature. Elle me parlait un langage mystérieux qui me fortifiait et me consolait. Ces étoiles, semblables à une poussière lumineuse semée dans les champs du ciel; cette lune, dont la douce lumière nous arrivait à travers les feuillages des hêtres et les aiguilles des sapins, donnait à tout ce qui nous entourait une apparence grandiose et mystérieuse à la fois.

Au Sapin nous fîmes une première halte. Mes messieurs, qui étaient très généreux, ne manquèrent pas de partager avec moi la victuaille et le vieux vin blanc. Nous arrivâmes au chalet du Rothenbach après trois heures du matin. J'y déposai ma charge pour monter au haut du Rheinkopf, élevé de mille trois cent dix-neuf mètres.

L'orient était en flammes ; les vallées silencieuses et

Tunnel de la route de la Schlucht.

si attrayantes des Vosges se déployaient à nos pieds ; à quelques centaines de pas au-dessous de nous broutaient les vaches et les moutons du Rothenbach, et le son des clochettes arrivait jusqu'à nous comme enlevé par le souffle matinal. Des nuages de pourpre, des flocons embrasés se détachaient de la Forêt-Noire et rampaient comme d'immenses flammes au-dessus de la plaine d'Alsace. Enfin le soleil surgit des sombres massifs qui avoisinent le Rhin, et le fleuve devint une magnifique traînée de feu, dont les splendeurs se réfléchissaient jusqu'au ciel. Aussi mes compagnons, pour qui ce spectacle était nouveau, ne pouvaient-ils assez l'admirer.

Les vallées étaient encore enveloppées de ténèbres, et déjà cependant une vingtaine de sommets, inondés de lumière, brillaient d'un éclat nonpareil ; déjà l'alouette s'élevait en tournant vers le ciel ; déjà la rosée étincelait au soleil dans le calice des fleurs, et versait d'une main prodigue ses mille diamants sur la blancheur immaculée des anémones. Première heure matinale, que tes instants sont délicieux !

A six heures, nous nous acheminâmes vers les sentiers que l'on suit jusqu'à la Schlucht. Un dernier regard nous fit apercevoir la vallée de Saint-Amarin avec les étangs et le château de Wildenstein. Le vaste front du Rothenbach, chauve à sa partie supérieure, rappelle la face auguste d'un vieillard ; la vallée de la Moselotte, avec ses innombrables fermes disséminées sur les montagnes, surgit des brumes du matin. A nos pieds un filet d'eau, sortant d'une touffe de gazon, forme un petit étang d'un mètre carré, dont la nappe toujours pure invite l'étranger à venir se désaltérer : c'est la source de la Thur. Ni rochers ni buissons n'ombragent son berceau, qui est fait de verdure et de fleurs.

Voici devant nous les chalets du Castelberg, avec leurs pâturages escarpés suivis de rochers abrupts, vraies tours étagées jusqu'au fond de la vallée de Munster. Au-dessous de nous, entouré de vertes forêts, le lac de la Blanchemer réfléchit dans ses eaux transparentes les nuages et les sapins, et déjà le pêcheur Géhin, de la Bresse, assis dans une barque, le sillonne en tous sens, voguant avec les gazons qui flottent sur cette nappe limpide.

Quand le sentier sort des buissons, on aperçoit le chalet du Furstmiss, perché comme une guérite sur ces hauts pâturages. Jadis, comme me l'a dit un ancien du pays, le prince-abbé de Murbach venait une fois l'an y dire la messe; de là le nom de Furstmiss ou Furstmess, c'est-à-dire messe du prince. D'autres font dériver ce mot de *forst* et de *miss*, c'est-à-dire les « marais de la forêt ». A notre droite se trouve, sur le versant de la vallée de Munster, le chalet du Feray, tout entouré de précipices, mais aussi de gazons riants. Plus loin et devant nous, le beau chalet de Breitsass nous invite à un court repos.

Le plateau gazonné où nous sommes domine l'Alsace et la Lorraine; il est vaste et partout accessible aux troupeaux. Çà et là des hêtres rabougris, hauts de quelques pieds et vieux de plusieurs siècles, y végètent par groupes ou isolément ; mais les autans leur défendent l'accès de sommets plus élevés.

Au delà d'un pli de terrain boisé, on aperçoit le chalet important du Schmalgurt, qui abrite environ soixante-dix vaches laitières et domine un large ruban de gazon uni comme une prairie. Au-dessous, dans les profondeurs, se remarque un marais roussâtre : c'est le lac du Furstmiss, fermé par les herbes aquatiques. Vers 1860, un pâtre y prit une truite monstrueuse, qui pesait neuf kilos; elle fut présentée à l'empereur Napoléon III, pendant qu'il se trouvait dans les Vosges.

Les pâturages où nous sommes, légèrement ondulés, sont commandés par un vaste ballon, dont la cime, ornée d'un signal, occupe dans les Vosges le second rang par son altitude, et domine au loin l'horizon, c'est le Hohneck, élevé de mille trois cent soixante-six mètres.

Avant d'y arriver, nous traversons de vastes champs de bruyères et de myrtilles ; un moment nous disparaissons dans un pli de terrain d'où s'échappe une source abondante et fraîche : elle dessine un filet de verdure très agréable au regard, au milieu des gazons roussis qui l'environnent et semblent être là pour rehausser sa beauté : c'est la source de la Moselotte, affluent considérable de la Moselle. Le club alpin français y a fait placer un tableau avec l'inscription suivante :

« Fontaine de la Duchesse, source de la Moselotte, 1270 mètres. En 1622, la duchesse Marguerite de

Gonzague, deuxième épouse du duc de Lorraine, Henri II ; s'est désaltérée à cette fontaine... »

Le Hohneck, de ce côté, est gazonné jusqu'au sommet, et l'on y trouve beaucoup de plantes rares. Mais, vers la vallée de Munster, il est ceint de deux magnifiques circuits de rochers grisâtres, veinés de blanc ; ces rochers abrupts descendent jusqu'au fond de la vallée, et dans les profondeurs vertigineuses on aperçoit les chalets du Frankenthal. L'un de ces cirques porte le nom de *Soldatenschlucht,* c'est-à-dire « Gouffre des soldats », parce qu'un corps de l'armée suédoise, entraîné par une avalanche, y aurait été précipité au moment de la guerre de Trente ans.

J'ai passé le sommet du Hohneck bien souvent par les brouillards, la neige, le ciel bleu et les tempêtes. Je me plaisais quelquefois à entendre les gémissements du vent et les échos lugubres qu'il faisait retentir au milieu de ces rochers. La tempête avait aussi pour moi des charmes, et je savais comprendre son langage. Lorsque les éclairs courent dans les nuages qui se meuvent lentement sur le gazon, lorsqu'on sent près de soi les roulements du tonnerre qui fait trembler les crêtes, on est anéanti et comme écrasé à la pensée de sa propre petitesse.

D'autres fois j'ai vu sous mes pieds une mer de nuages, au fond de laquelle les pointes des noirs rochers paraissaient comme des mâts de vaisseaux naufragés. C'est au clair de lune que la scène prend un charme doux et mélancolique. Le mélange des ombres et de la lumière, le cachet mystérieux propre à la nuit, le silence des montagnes encore rehaussé par celui de la nature vivante, plongent l'âme dans une douce ivresse et lui donnent une idée de l'infini.

Du point où nous étions la vue embrassait toute la chaîne des Vosges, de la Forêt-Noire, du Jura et les pics majestueux des Alpes, qui parfois émergent subitement d'un horizon lointain, et, contents de vous avoir un instant ravis, se dérobent pleins de gloire et de majesté dans l'azur des cieux.

Les différentes chaînes qui composent les Vosges, toutes parallèles et magnifiquement étagées, paraissaient jusqu'aux bornes de l'horizon comme un vaste océan. Le roulis et le tangage étaient représentés par leurs différentes ondulations; et, lorsque des brumes montaient des vallées et voilaient certains sommets, le paysage, ainsi nivelé, ressemblait à une mer dont le courroux s'est apaisé.

Entouré de précipices, de chalets et de pâturages, le sommet du Hohneck offre peut-être le plus bel horizon des Vosges. C'est un vrai Righi; car, outre les innombrables vallées, les nombreuses chaînes de montagnes, les villes et les villages d'Alsace et de Lorraine, il vous fait voir une partie des lacs de Gérardmer et tout le chaos des rochers de la Schlucht, vers lesquels nous avancions en suivant un gazon toujours voisin des nuages et des abîmes.

On arriva ainsi aux derniers chalets, après lesquels on entre dans une forêt; vous descendez pendant quelque temps, en suivant une pente douce; peu à peu une espèce de vide se fait à votre droite, et à

travers les buissons crépus, courbés, enchevêtrés,
vous entrevoyez de noires profondeurs : ce sont les
abords de la Schlucht, la gorge la plus remarquable
des Vosges.

A l'époque à laquelle se rapporte mon récit, il n'y
avait au col de la Schlucht qu'une métairie, où les
étrangers passaient la nuit ; mais, du temps de l'empire, M. Hartmann, de Munster, y fit bâtir un magnifique chalet suisse, qui est ouvert au touriste.

Une plate-forme en granit, exposée au soleil levant,
sépare cette riante habitation des précipices qui s'ou-
vrent à quelques pas. Au-dessous de vous, c'est une
gorge profonde de plusieurs centaines de mètres ; à
votre flanc, de longues files de rochers inaccessibles
se succèdent jusqu'au Hohneck ; çà et là des arbres
rompus par les neiges étendent leurs longs bras dans
le vide, et, cramponnés au roc par quelques racines,
semblent faire un dernier effort pour échapper aux
abîmes prêts à les engloutir. Ce paysage est des plus
imposants et des plus sauvages, digne, en un mot,
d'attirer les regards du peintre et du touriste.

Sortez du chalet, situé à mille cent cinquante-six
mètres d'altitude : aussitôt vous vous trouvez sur une
des routes les plus remarquables et les plus pittoresques de l'Europe. Reliant Munster à Gérardmer,
elle a trente kilomètres de long, et descend des deux
côtés du col en pente uniforme. C'est une œuvre remarquable et qui a coûté un demi-million, rien que
pour le versant alsacien. A partir du chalet Hartmann,
elle se dirige du côté de la vallée de Munster à travers

un immense dédale de rochers à pic, taillés en aiguilles, en pyramides, en flèches hardies, en blocs
superposés affectant toutes les formes et de toutes
les dimensions. Des murs dont la hauteur effraye le
regard sont comme incrustés dans les rochers perpendiculaires, et servent de talus à cette voie aérienne

Lac de Gérardmer.

par laquelle deux sœurs, l'Alsace et la Lorraine, se
tendent la main. Ici elle traverse un bloc de granit
par un tunnel; là elle côtoie une moraine dont les
débris menaçants sont étayés à son bord; ailleurs elle
avance à travers les rochers inclinés sur votre tête.
Quand vous jetez un regard en arrière, vous apercevez, par une fissure étroite, le chalet perché sur les
ravins, les pâturages du Hohneck et tout ce vaste

dédale chaotique où l'homme a dû faire des merveilles pour arriver à ses fins.

Enfin la voie pénètre dans une forêt toute tapissée de mousse. Çà et là cependant de hautes tours granitiques, de hardis donjons, des murailles abruptes surgissent encore du milieu des sombres sapins. Puis la scène change, et vous vous trouvez dans les pâturages riants du Kleinthal.

La société dont j'étais le guide désirait descendre à Gérardmer. Nous suivîmes donc la route de la Schlucht, qui nous amena, après une demi-lieue de marche, à des sources abondantes, bordées de vraies prairies de cresson : c'est la Meurthe qui s'échappe vers le Valtin.

Nous entrons encore dans une forêt, où nous ne pouvons assez contempler les vastes troncs moussus et les frais ruisseaux; nous nous dirigeons ainsi vers Gérardmer. Au milieu des bois la route passe sous un rocher qu'on appelle la « roche du Diable ». Du sommet de cet observatoire sauvage, il y a un coup d'œil splendide sur le lac de Retournemer. Bientôt on apercevra, à travers chaque voûte de feuillée, les flots bleus de la Longemer.

Mais revenons aux sources de la Meurthe. Près de l'indicateur cloué aux sapins et désignant le « chemin des Dames », nous nous enfonçons dans les bois pour descendre au fond d'une espèce d'entonnoir. A nos côtés murmure la Vologne; elle nous sera, jusqu'au pied des monts, un guide discret et charmant.

Nous cheminons ainsi pendant trois quarts d'heure.

Enfin la toiture d'une habitation apparaît au-dessous de nous : c'est la maison forestière du Retournemer, hôtel très fréquenté, entouré de kiosques ombragés d'arbres séculaires. Les eaux du lac, que l'on aperçoit à la lisière de la forêt, scintillent au soleil comme des milliers d'étoiles; un bruit confus se fait entendre : ce sont les promeneurs et les touristes qui circulent, les postillons qui courent à leurs voitures, le bruit des rames qui frappent les eaux.

La station du Retournemer est une des plus charmantes de nos pays, et fait partie de la banlieue de Gérardmer; vous connaissez le proverbe lorrain : Sans Gérardmer et un peu Nancy, que serait la Lorraine?

Le lac de Retournemer est à sept cent soixante-dix-huit mètres d'altitude; il a une surface de six hectares et une profondeur de vingt mètres. D'un côté, il est encadré par une prairie où s'élèvent quelques cabanes lorraines couverte de bardeaux; de l'autre, il est limité par la route forestière, dite de Retournemer, et qui rejoint en aval celle de la Schlucht; enfin, vers l'endroit où il fait écouler ses eaux, s'élèvent des rochers couverts de sapins, de sorbiers, de myrtilles et de belles mousses. Quand la Vologne, tributaire du lac, reprend sa course vers d'autres régions, elle fait ruisseler ses eaux sur un lit rocailleux et forme la cascade intéressante « du Lac », plusieurs fois entrecoupée de cuves circulaires.

Dans ces solitudes profondes, où vous n'avez qu'un horizon de quelques pas, dans ces asiles favoris du silence et de la méditation, vous trouvez en résumé

tout ce que les montagnes peuvent offrir de plus intéressant : forêts majestueuses, lacs paisibles, cascades
bruyantes, prairies enrichies par l'humus des feuilles
et opulentes de verdure, cabanes semblables à un
ermitage, mœurs simples et polies, routes pittoresques, hautes crêtes et flancs tantôt boisés, tantôt
dénudés, tout est là comme disposé à dessein pour
la contemplation.

Nous suivons la petite route dont j'ai parlé, et bientôt nous arrivons au lac de Longemer, un des plus
grands de la France. Sa longueur est d'environ trois
kilomètres, sa plus grande largeur d'un demi-kilo-
mètre; l'une de ses rives est bordée de peupliers et
de prés marécageux; l'autre est délimitée par des
moraines escarpées, que traverse notre route, et qui
descendent du sommet des montagnes jusque dans
les profondeurs des eaux.

Lorsque nous quittons la Longemer pour aller vers
Gérardmer, la forêt nous enveloppe de nouveau; nous
rejoignons la route de la Schlucht, et bientôt, au
milieu d'un site des plus sauvages, nous atteignons
le pont de la Vologne; il est élevé de vingt mètres
environ au-dessus du torrent, qui mugit dans les
gouffres profonds. Deux énormes rochers granitiques,
posés comme deux géants, soutiennent le pont de
leurs robustes épaules. Les sapins avec leurs longues
mousses se penchent sur les eaux; ils semblent défendre l'accès de ces ravins aux pêcheurs qui font ici
la chasse à des légions de truites.

Mais remontons la Vologne à côté du pont, en sui-

vant les sentiers qui courent en zigzag sur ses deux
rives : voici le passage remarquable du « saut des
Cuves », où la rivière, obstruée par des rochers qui
s'avancent de côté et d'autre, voit ses flots plus de

Pont des Fées.

dix fois se précipiter d'une rive à l'autre et s'échapper
en bouillonnant de ces capricieux détours.

En descendant la Vologne on arrive au « pont des
Fées »; l'origine de cette construction hardie, d'une
seule arche, est inconnue.

Encore un souvenir : avant de sortir de la forêt, on

remarque une pierre moussue, unie comme une table :
c'est la « pierre de Charlemagne », sur laquelle le
grand empereur aimait à s'asseoir quand il venait
goûter dans ces régions les plaisirs et les émotions
de la chasse.

Une longue file de cabanes, espèce de faubourg
champêtre, nous annonce Gérardmer. Cette petite
ville forme à elle seule, avec ses nombreuses annexes,
un canton de sept mille habitants. Située entre deux
lacs, mise en communication avec tous les environs
par une voie ferrée et plusieurs routes célèbres, environnée de sites mille fois reproduits par les peintres,
elle mérite à juste titre sa réputation ; et si Interlaken
est la Nice des Alpes, assurément Gérardmer est l'Interlaken des Vosges.

L'étranger y remarquera ses nombreux hôtels, puis
le gros tilleul qui mesure sept mètres de circonfé-
rence et couvre de son ombre une promenade publique, et enfin le fameux lac dit de Gérardmer. C'est
le plus grand des Vosges ; sa longueur est d'environ
deux kilomètres, sa surface de cent seize hectares ;
sa profondeur dépasse quarante mètres ; de plus, il
est bordé par la plus grande moraine de nos pays.
Toute une rangée de villas s'est élevée sur ses rivages
dans ces derniers temps ; il touche au bourg même,
et quantité de barques le sillonnent quand ses eaux
ne sont pas, comme il arrive souvent, bouleversées
par les vents.

Gérardmer, qui est à six cent soixante mètres d'altitude, produit un fromage célèbre dit « de Gérômé » ;

ses forêts alimentent vingt-deux scieries; environ trois mille métiers, installés dans toutes les cabanes, sont occupés au tissage des toiles; la culture du lin est surtout en honneur dans tous les environs. Mentionnons encore le blanchissage des toiles, les ateliers d'équarrissage et de polissage du granit, la faïencerie, la boissellerie renommée, les fabriques de poix, un institut hydrothérapique, une maison de bains, et huit maisons d'école.

Qui n'a entendu parler des « Moutons de Gérardmer »? Ce sont d'énormes blocs erratiques disséminés dans les forêts et les prairies. La laine de ces moutons est formée d'une couche de lichen grisâtre, souvent vermeille et parfumée; les enfants s'en servent pour teindre les œufs de Pâques.

Gérardmer doit son nom et peut-être son origine à Gérard, duc d'Alsace, qui fit élever, en 1070, au bord du lac de Gérardmer une tour pour servir de refuge dans la chasse. Mais le pays ne fut réellement colonisé qu'à la fin du xiii° siècle, quand des émigrés alsaciens et lorrains vinrent s'y réfugier. Il fut longtemps sous la dépendance de seigneurs alsaciens et eut à subir les ravages des Suédois pendant la guerre de Trente ans.

Revenons à nos touristes. Vers midi nous arrivâmes à l'hôtel de la Poste. J'avais achevé mon office de guide; mais je ne fus libre de m'en retourner que vers quatre heures du soir.

On fut bien généreux à mon égard : j'emportais le reste des provisions, plus quinze francs pour prix de ma course. Dès que je fus libre, et malgré la fatigue, je pris le chemin du retour. Il me fallait gagner les hauteurs de Rochesson et descendre ensuite vers la Bresse à travers les forêts et les pâturages.

La chaleur était accablante, et cependant j'avais encore à parcourir quatre grandes lieues, puis à escalader deux montagnes, à descendre ensuite dans la vallée de la Moselotte, et enfin dans celle de Saint-Amarin.

Dès qu'on sort de Gérardmer, la montée commence. On ne peut s'empêcher de se retourner fréquemment avant de dire un adieu définitif à la vallée de la Vologne : voici le bourg à vos pieds, avec ses maisons propres et coquettes ; les tuiles d'un rouge vif qui couvrent les constructions récentes contrastent avec les bardeaux gris sombre des cabanes environnantes, et le vieux Gérardmer, cédant le pas à la ville moderne, se voit relégué de plus en plus loin du centre de vie et d'animation ; le lac, couvert de barques et orné d'une ceinture de villas, reflète deux forêts et deux montagnes dans ses eaux, sans compter les nuages, qui, arrêtés à son horizon, semblent admirer ce miroir étincelant au soleil du soir.

Enfin la vallée se perd à vos yeux, et les forêts seules vous enveloppent. La route continue à s'élever longtemps, puis fléchit, puis remonte, tourne, côtoie, serpente, louvoie à travers les rochers et les vallons, et ne rencontre que de rares cabanes. Lorsque enfin j'eus atteint la hauteur, j'aperçus sous mes pieds la vallée de la Moselotte et le clocher de la Bresse, où j'arrivai vers six heures du soir.

J'entrai à l'auberge du « Cheval blanc » , car j'avais à faire des emplettes chez M. Lambert, un de mes amis d'enfance. J'allais repartir, lorsque survint un riche marchand de bois de Cornimont. Il demandait un guide pour le lac des Corbeaux et la ferme de la Vieille-Montagne, où il désirait passer la nuit. « Joseph, il faut accompagner ce monsieur, me dit Lambert; tu connais bien les chemins et tu es honnête. »

Bref, au lieu de rentrer directement à ma demeure, je m'acheminai avec l'étranger vers le lac des Corbeaux, situé au-dessus de la colline de Vologne.

Le soleil allait disparaître quand nous arrivâmes au lac, sombre comme les sapins qui l'entourent. Environné de vieilles forêts, au milieu desquelles il apparaît subitement, il n'a guère d'autres visiteurs que les nuées de corbeaux qui planent sur ses eaux et achèvent de lui donner une teinte funèbre. Sa surface est de neuf hectares, sa profondeur de soixante mètres. A ses bords émergent des troncs d'arbres dépouillés, qu'il engloutit parfois.

Quand nous arrivâmes à la ferme de la Vieille-Montagne, il faisait presque nuit noire. Je ne m'y arrêtai que quelques instants, puis je pris congé du marchand, qui me remit une pièce de cinq francs.

Pour terminer mon voyage, je n'avais plus qu'à descendre au fond de notre vallée, par de mauvais sentiers, il est vrai; mais j'avais pour me guider l'instinct du montagnard, et j'arrivai chez moi à onze heures, après plus de seize heures de marche. Ma

10

femme pleura de joie quand je lui remis les blancs écus, plus toute une charge de provisions.

Bien des gens se fussent reposés le lendemain : je partis avec les autres schlitteurs, à l'aube du jour, après un repos de quelques heures, et je travaillai comme d'habitude. Je gagnai ainsi plus de vingt-cinq francs en deux jours. J'avais résolu le problème : augmenter par le travail les ressources en raison des dépenses.

MA

PREMIÈRE DEMEURE A MOI

PREMIÈRE DEMEURE A MOI

C'est ainsi que par des prodiges de travail j'arrivai non seulement à équilibrer les dépenses et les recettes, mais même à me créer une petite réserve. Sans doute je ne pouvais faire partie des joyeuses sociétés qui, le dimanche, encombraient les cabarets; sans doute je ɾortais, ainsi que ma femme et mes enfants, des habits râpés, mais je n'y prêtais aucune attention. Souvent j'étais un sujet de moquerie pour certaines gens. « Voyez, il entreprend toute espèce de vilaines besognes, » disaient les uns, oubliant que la paresse seule est vile et méprisable. « C'est un avare, » disaient les autres, confondant l'économie avec la prodigalité et la dissipation.

Ces bavardages ne me touchaient guère, et l'estime des honnêtes gens, dont je jouissais pleinement, me suffisait.

Nous eûmes encore à passer des temps difficiles, où les vivres étaient chers, et où les étés pluvieux ne permettaient guère le travail en forêt; il m'arriva donc, malgré tous mes labeurs et les soins vigilants de ma femme, de contracter peu à peu une dette de plus de trois cents francs. Heureusement l'année 1834, qui doit être classée parmi les meilleures de notre époque, vint nous ramener l'abondance et relever nos courages abattus. Elle s'annonça de bonne heure par des signes remarquables : dès les premiers jours de février, les habitants de Gueberschwihr trouvèrent, sur un buisson de lierre, un nid de pinsons dont les œufs étaient près d'éclore. A la fin de mars les cerisiers fleurissaient, même sur les plus hautes montagnes; aussi y eut-il abondance de toutes sortes de fruits. Les vendanges, qui se firent au mois d'août, furent très abondantes et donnèrent un des meilleurs vins du siècle. Mais ce n'étaient là que des exceptions. Ainsi, vers 1840, j'eus à passer tout un été avec un gain moyen de vingt-trois sous par jour, et déjà quatre enfants me demandaient du pain!

« Si du moins nous avions un emplacement pour loger une vache, me disait ma femme, je chercherais des herbes à la forêt, et nous pourrions avoir du lait pour nos enfants! »

Il fallait, en effet, modifier notre situation. J'appris un jour qu'une petite maison, bien vieille, située vers la montagne de l'Altenberg, était à vendre. Je m'informai des conditions de vente; on en demandait huit cents francs, payables en cinq annuités égales. J'en parlai à ma femme; volontiers elle m'eût engagé à entrer en pourparlers avec le propriétaire; mais, réfléchissant à notre dénuement, elle me dit : « Mon cher Joseph, il ne faut pas y songer; nous avons un créancier à qui nous devons trois cents francs; l'achat de cette maison porterait nos dettes à onze cents francs, et, comme nous sommes pauvres, nous ne pouvons pas avoir de crédit. Cependant, avant de rien décider, demandons conseil à nos parents du Bramont. »

C'était un excellent avis : mes parents vivaient encore, et souvent nous partagions ensemble le peu que nous avions. Mes frères et mes sœurs s'étaient presque tous mariés.

Mon père me dit sans hésiter: « Achète cette maison; d'ailleurs les dettes nous forcent à rester économes et laborieux; et puis, au lieu de payer un loyer, tu emploieras ton argent à l'amortissement de ta dette. »

La même semaine je devins propriétaire de la petite maison. Elle était toute délabrée, presque en ruines, ouverte au vent et à la pluie. Je sus réparer moi-même les brèches les plus considérables, et nous pûmes y habiter quelques années encore sans être obligés à faire de plus grosses dépenses. De plus, nous avions une étable où l'on pouvait loger une vache et deux ou trois chèvres; j'établirais moi-même une porcherie; nous aurions aussi quelques poules. Le jardin attenant à ma nouvelle demeure était assez grand; à côté coulait le ruisseau de l'Altenberg, au delà duquel j'avais encore en ma possession une parcelle de pré avec quelques arbres fruitiers.

Telle fut ma première demeure. J'y ai passé d'heureux moments et aussi beaucoup de jours pénibles;
mais ce dont j'ai gardé un vif souvenir, c'est du bonheur et de la satisfaction avec lesquels nous y entrâmes, ma femme et moi, avec nos enfants.

Toutefois notre joie fut bientôt troublée. Dès que
notre créancier eut appris la nouvelle de cet achat, il
me fit entendre que j'aurais tout d'abord à régler mon
compte avec lui. Bientôt poussé, excité par sa femme,
il m'adressa une sommation en règle. Vainement lui
offris-je de payer régulièrement les intérêts, lui repré-
sentant qu'une heureuse occasion m'avait poussé à
faire cet achat. Il ne voulut rien entendre et menaça
de me poursuivre si je ne m'acquittais de ma dette
dans le délai de huit jours. Grande fut ma désolation :
je ne savais comment annoncer cette nouvelle attris-
tante à ma femme. Où trouver de l'argent? Nous
étions à peine installés, et déjà il fallait peut-être
déménager. Je n'eus point le courage d'en informer
mes vieux parents, car il faut surtout épargner le
chagrin aux cheveux blancs. Ma femme pleurait; mes
enfants fixaient sur nous leurs grands yeux étonnés,
comprenant que quelque chose de fâcheux se préparait : l'enfance, à défaut de la réflexion, possède l'instinct et le cœur, qui ne trompent jamais. Quant à
moi, je ne trouvais plus de sommeil.

Déjà quatre jours s'étaient passés, et le créancier
implacable avait encore renouvelé ses sommations,
lorsque je fus mandé auprès de M. Griner, patron de
la verrerie. Ils m'étaient, lui et sa femme, bien dé-

voués; maintes fois ils m'avaient fait gagner un bon salaire en m'employant à des courses. Cette fois je fus chargé de porter à Remiremont une somme de cinq mille francs, toute en grosses pièces de cinq francs. Si j'avais eu le courage d'avouer mes infortunes à M. Griner, assurément il m'eût avancé trois cents francs. Mais je cachai mon chagrin, et j'appris ainsi par moi-même ce qu'est un pauvre honteux.

Je partis avant le jour. Que de fois je me dis en route : Ah! si tu avais une petite portion seulement de cette somme, non pour la garder, mais pour satisfaire le créancier et la restituer honnêtement plus tard! Les poursuites judiciaires m'effrayaient : paraître devant le juge comme un vil malfaiteur après avoir vécu toujours honnêtement, après avoir arrosé la terre de mes sueurs, jamais! Accablé de ces noires pensées, j'escaladai les hauteurs du Bramont.

En parcourant un des nombreux sentiers qui abrègent les longues sinuosités de la route, je fus terrifié par une apparition étrange. Je marchais, à la pâle lumière du matin, à travers un taillis touffu : là, au milieu d'un massif de jeunes hêtres, je vis je ne sais quoi. Ce n'était ni une bête des forêts ni une figure humaine; le fantôme avançait en rampant, les feuilles s'agitaient, les branches s'écartaient, et j'entendais comme des sonnettes, des grelots, des jetons métalliques qui s'entre-choquaient. Ce spectre n'avait ni tête ni pieds; cependant il avançait toujours; déjà il allait m'atteindre, lorsque, changeant subitement d'aspect, il étendit comme un bras et me dit d'une

voix enrouée : « Bonjour, l'ami! » Je reconnus alors
la vieille Titine, de la Bresse, âgée de quatre-vingt-
huit ans, toute couverte de chapelets, de scapulaires,
de statuettes, d'images, de tableaux dont elle faisait
commerce. Elle venait de faire son quatre-vingt-qua-
trième voyage à pied à Notre-Dame-des-Ermites.

A mesure cependant que je m'éloignais, ma poitrine
se dilatait, pour ainsi dire, avec l'horizon. J'avais sur
mon chemin les villages de la Bresse, de Saulxures,
puis de Vagney, situé dans une belle vallée. Non loin
de Vagney s'élève une montagne célèbre, le Haut-du-
Roc. C'est un vaste plateau élevé de mille dix mètres,
flanqué de rochers perpendiculaires et couvert de blocs
erratiques, dont plusieurs ont sans doute servi aux
anciens Gaulois pour leurs cérémonies religieuses.

Près du riant village de Saint-Amé, l'étranger visite
avec plaisir le Saut-de-la-Cuve, cascade formée par un
affluent de la Moselotte.

Avant midi j'atteignis la ville lorraine de Remiremont. Cette ville a beaucoup gagné en importance
depuis l'immigration des Alsaciens. Elle a huit mille
habitants et est très commerçante. On y trouve quantité de souvenirs historiques, dont plusieurs remontent aux Romains.

Je remis la somme dont j'étais porteur et m'acheminai de nouveau vers mon pays. Avec quel plaisir ne
rentrais-je pas d'habitude chez moi! Mais aujourd'hui
comme j'étais triste, et que j'appréhendais de repa-
raître dans le sein de ma famille!

Le jour touchait à son déclin quand j'arrivai au

premier sentier par lequel on descend vers l'Alsace. Je voyais les hautes montagnes qui entourent notre village, mais je n'apercevais pas encore d'habitations. Là je m'assis à côté d'un ruisseau sur une pierre moussue. A peine y étais-je, que j'entendis comme le cri plaintif d'un oiseau. Des buissons s'élevaient devant moi; j'en approchai et remarquai à côté du sentier un pauvre petit bouvreuil qui était tombé de son nid. Sa mère volait autour de lui et exprimait son angoisse à sa manière, en poussant des cris de détresse. Je ramassai le petit oisillon, à peine couvert d'un duvet naissant, et je le replaçai dans son nid. Aussitôt la mère reprit sa place accoutumée et réchauffa le nourrisson de son corps.

Cet incident fut pour moi comme un signe d'en haut. Si ce petit oiseau, me dis-je, a trouvé un protecteur, comment serais-tu abandonné toi-même, et n'y aurait-il point pour toi de Providence? Et je me rappelai ces belles paroles de l'Évangile : « Il ne tombera pas un cheveu de votre tête sans la volonté de votre Père céleste. »

Fortifié par cette pensée consolante, je me levai tout transformé. Avant de descendre au village, j'allai déposer un baiser au front de mes vieux parents et en recueillir deux, dont l'un à l'adresse de ma femme. Je songeais toujours à mon petit oiseau, et il me semblait que les cris de sa mère m'avaient annoncé un secours prochain.

A l'abord du village je rencontrai Antoine Kientzy, excellent homme et l'un des patrons de la verrerie.

Il m'accosta d'un air moitié grondeur et me dit :
« Joseph, tu nourris un grand chagrin et tu n'en dis
rien à personne. Pourquoi n'as-tu pas plus de confiance dans les honnêtes gens? Viens à l'instant avec
moi. » Et il me conduisit chez lui et me remit cinq
cents francs. « Prends ceci, dit-il; cette somme te
permettra de payer le créancier impatient, car j'ai
entendu parler de cette triste affaire, et avec le sur-
plus tu pourras donner un acompte sur ta maison;
cela diminuera aussi les intérêts. Quant à moi, je ne
t'en demande pas, et tu pourras me rendre le capital
plus tard, quand tes enfants gagneront à leur tour.
J'aime les travailleurs et les gens économes comme
toi et ta brave femme; persévérez, vous réussirez. »

Je pleurai de reconnaissance en adressant mes re-
merciements à ce bon vieillard, qui avait coutume de
dire : « Pour venir en aide à un brave homme, il faut
au besoin savoir user une paire de bottes. »

Ma femme fut tout étonnée de me revoir si gai;
mais quand elle apprit la raison pour laquelle mon
front s'était déridé, elle versa des larmes abondantes.

Oui, nous étions sauvés; j'étais venu en aide à un
pauvre petit oiseau, et Dieu, de son côté, m'avait
prêté secours. La charité est un lien magnifique qui
unit toutes les créatures entre elles et en même temps
à l'auteur de toutes choses. La générosisé d'Antoine
Kientzy nous avait sauvés de la détresse; ce fut pour
nous une source de prospérités.

La position de notre maison permettait à ma femme

et à mes deux aînés d'aller dans la forêt et sur les
montagnes à la recherche du bois et des herbes. Le
premier terme à payer n'étant pas encore expiré,
j'avais employé l'excédent des cinq cents francs à
l'achat d'une génisse; nous l'appelâmes Tête-Blanche.
Bientôt nous en eûmes un veau que nous vendîmes.
Avec quel plaisir nous buvions le lait de Tête-Blanche,
qui nous le prodiguait largement! Nous avions du
beurre, et nous vendions le lait de nos chèvres, que
nous avions gardées. Je pus aussi louer à prix modique un pré assez grand, situé à côté de notre
maison, et le second veau de Tête-Blanche fut gardé
pour être élevé.

Une nouvelle ressource s'offrit bientôt à nous : l'em-
paillage des bonbonnes et des dames-jeannes qu'on
fabriquait alors en masse à la verrerie.

Le père Griner lui-même me parla de ce travail; il
fut convenu qu'il payerait quinze francs le cent de bonbonnes empaillées et fournirait la paille.

Nous voilà occupés, ma femme, mes enfants aînés
et moi-même, à entasser partout les bonbonnes,
même dans nos chambres, ne laissant qu'un étroit
couloir pour le passage. La paille était d'abord hu-
mectée, on la battait ensuite pour la rendre flexible,
et on la faisait passer entre deux rouleaux pour l'é-
tendre avant de la mettre en tresses. Les tresses faites
étaient roulées autour de la bonbonne et solidement
cousues en fourreau. Puis les brins de paille qui res-
sortaient étaient coupés aux ciseaux, et la pièce, ainsi
apprêtée, retournait aux magasins de la verrerie. Que

de veillées nous avons passées ainsi! Ce travail était pour nous un revenu important.

Sans doute il nous eût été plus agréable de reposer nos membres fatigués quand la nuit était venue, ou quand j'avais fini ma fonte à la verrerie; mais au printemps j'avais à payer le premier acompte sur notre maison, et je ne l'oubliais pas. C'était en 1838; nous fîmes si bien cet hiver-là, qu'au mois de mai le père Griner me régla le compte suivant :

```
Dernier mois d'avril, fontes . . . . . . . .   50 francs.
Récompense accordée pour la saison écoulée. . .   30   »
Empaillage de 1800 bonbonnes à 15 fr. le cent. .  270   »
                                    TOTAL. . . . .  350 francs.
```

Je ne jugeais pas le nombre de pièces que nous avions empaillées si considérable. J'étais fou de bonheur. Non seulement je pus régler le premier acompte sur ma maison, mais encore restituer à Antoine Kientsy deux cents francs sur les cinq cents que je lui devais. Voilà le fruit du travail et de l'économie!

Aussi avec quelle ardeur nous reprîmes la même besogne l'hiver suivant; car, outre le revenu qu'elle nous procurait, elle fournissait, par les déchets de la paille, une bonne litière à nos animaux domestiques. De plus ces veillées, qui se prolongeaient parfois jusque vers le matin, étaient souvent agréables. Bien des fois de bons voisins venaient chez nous et nous donnaient un coup de main. Mais les visites les plus agréables étaient celles de l'oncle Walch, ancien dragon d'Espagne, et du caporal Bœglin, vieux vétéran de Russie;

ces braves gens nous racontaient leurs exploits, et nous faisions avec eux, en imagination, les étapes héroïques de leur drapeau.

L'oncle Walch portait fièrement sa décoration. C'était un homme de haute stature et qui avait conquis bravement son grade de brigadier. Il parlait bien, sans jamais confondre ni les noms propres ni les dates, et possédait beaucoup de connaissances géographiques. Quant au vieux caporal Bœglin, c'était un vrai livre parlant. Étant moi-même doué, Dieu merci! d'une bonne mémoire, je vais recueillir, le mieux que je puis, le souvenir de ces chers récits et vous les raconter.

RÉCIT DE L'ONCLE WALCH

« Je suis arrivé à l'armée vers 1808. Ce fut à Bourges, ville de trente mille habitants, située au centre de la France, dans la province boisée du Berry, que j'appris l'exercice. Jour et nuit les caporaux et sergents instructeurs nous faisaient travailler, car on s'attendait à la guerre. Là je vis Napoléon pour la première fois. Placé à deux pas de cet homme extraordinaire, moi, timide conscrit de mon village, je sentis mes genoux trembler. Mais je compris qu'avec cet homme il n'était permis ni d'avoir peur, ni d'être incapable, ni de mal remplir son devoir. Son regard d'aigle vous pénétrait jusqu'au fond de l'âme et parfois vous changeait en héros.

« Quelques mois plus tard je fus dirigé vers les Pyrénées. La guerre d'Espagne allait commencer. Je

fut bien surpris quand je vis ces immenses murailles
de montagnes, s'élevant au-dessus des nuages à plus
de deux fois la hauteur de nos Vosges. Bientôt il fallut
les franchir, et si je n'avais été montagnard, j'aurais
eu peur de ces gorges, de ces ravins et de ces glaciers.
La Maladetta et le mont Perdu, hauts de plus de dix
mille pieds, excitèrent surtout mon admiration. Mais
je fus encore bien plus ravi lorsque, du haut des
monts, je vis ces magnifiques vallées espagnoles que
nous allions remplir du bruit de la guerre et, il faut
bien le dire, de sang et de ruines.

« Tout dans ce pays était étranger et nouveau pour
moi : les hommes et les choses. Je vis d'innombrables
et profondes vallées, de hauts plateaux, des plaines
tantôt incultes, tantôt fertiles comme des jardins; des
fleuves, des torrents fougueux, des montagnes couvertes de neiges éternelles.

« En général la végétation en Espagne est magnifique, et cela se comprend, car c'est le pays d'Europe
le plus voisin de l'Afrique. Par suite de son exposition,
le climat y serait très chaud s'il n'était tempéré par les
courants d'air des hautes montagnes. Un vent brûlant,
le solano, nous fit parfois bien souffrir. A Madrid
même, capitale la plus élevée de l'Europe, on gèle le
matin, grâce au voisinage des montagnes; vers midi
la chaleur est torride, le soir l'air est presque glacial;
en sorte que les gens du pays changent d'habit trois
fois par jour. Malgré ces inconvénients, Madrid est
tout de même la patrie du soleil.

« On trouve en Espagne des forêts d'orangers et de

citronniers, et de vastes champs de cannes à sucre ;
le cotonnier, le caféier, le caroubier, le grenadier et
l'olivier viennent dans presque toutes les provinces ;
la vigne pousse librement le long des arbres et les
égale presque par ses proportions ; les raisins y sont
exquis et les grappes pèsent jusqu'à cinq livres ; les
ceps sont assez gros pour qu'on puisse en faire des
planchettes assez larges. Les montagnes renferment
toutes sortes de métaux et sont en partie couvertes
de chênes toujours verts.

« Le milieu du pays est assez dénudé, mélancolique et parfois presque désert ; cependant on y
voit de vastes troupeaux de mérinos qui, au printemps, vont aux montagnes et en reviennent en
automne, comme on fait pour les vaches dans nos
Vosges. Partout on trouve de forts mulets et de beaux
chevaux.

« J'ai vu en Espagne de belles villes et de magnifiques monuments. Ce pays appartenait jadis aux Sar-
rasins ou Maures, qui ont partout laissé des souvenirs
de leur long séjour. En Castille surtout, on trouve
quantité de ruines de châteaux forts, et maintes fois ce
pays m'a rappelé par là notre vieille Alsace. Les monuments dont je me souviens surtout sont : la magnifique cathédrale de Saint-Jacques de Compostelle,
ville de vingt-cinq mille habitants, où se trouve le
plus célèbre pèlerinage espagnol et un des plus fameux
du monde entier ; saint Jacques l'apôtre y vint prêcher
et y subit le martyre ; la mosquée de Cordoue avec
ses innombrables voûtes et colonnes ; le palais de

l'Alhambra, une vraie merveille, qu'on dirait taillée à coups de ciseaux; l'Escurial, palais élevé par ordre de Philippe II, en mémoire de la bataille de Saint-Quentin; la cathédrale de Burgos, et enfin mille autres merveilles dont le nom m'échappe ou qu'il serait trop long de vous énumérer.

« L'Espagne est presque aussi grande que la France ou l'Allemagne, mais beaucoup moins peuplée; cependant elle renferme nombre de grandes et belles villes. Madrid, la capitale, a trois cent mille habitants; Barcelone, en Catalogne, en a plus de cent cinquante mille; Malaga, qui produit de si fameux vins, Séville en Andalousie et Valence ont au moins cent mille habitants. Mais la plus fameuse après Madrid est, à mon avis, Valence, surnommée la Belle; située au bord d'un fleuve, entourée de somptueux jardins, d'où l'on voit partout le vaste miroir de la Méditerranée, on dirait un vrai paradis.

« J'aurais à vous nommer encore beaucoup d'endroits remarquables que j'ai vus, comme Cordoue, environnée de vastes ruines en partie ensevelies dans les vignes et le lierre, mais je suis obligé de borner mon récit. Certes, je ne vous dépeindrai point des lieux que je n'ai pas visités moi-même; j'ai passé cinq ans en Espagne; j'ai servi dans plusieurs corps différents et sous plusieurs chefs, car plus d'une fois les dragons furent presque exterminés. Aussi puis-je vous parler de Napoléon, du roi Joseph, de Lannes, de Masséna, de Marmont, de Ney, de Soult, de Saint-Cyr, de Suchet, de Sébastiani et de bien d'autres, et j'ai parcouru une dizaine de fois le pays en toutes directions.

« Au commencement tout alla bien : j'oubliais presque mon village natal quand, précédé du tambour et de la trompette, je descendais les magnifiques vallées espagnoles et que je voyais flotter le drapeau du régiment. Quel militaire d'ailleurs demeurerait insensible à la vue de son drapeau? Cette toile flottante représente votre patrie, son honneur, sa gloire, son espoir; elle est suivant les circonstances un signe de ralliement, une voix de détresse, un trophée, un gage de triomphe; elle est la légende et l'histoire de toute une phalange de guerriers; des milliers d'hommes l'ont suivie, l'ont défendue, l'ont saluée de leur dernier regard, et dans ses plis sacrés elle porte comme les soupirs des héros expirants.

« Cependant les Espagnols nous voyaient d'un mauvais œil; toutefois en maint endroit les fêtes continuaient comme par le passé; les joueurs de mandoline, couchés sous les bois d'orangers, y exécutaient leurs belles mélodies, et au bord des grands chemins les mendiants nous tendaient la main pour demander l'aumône. On ignorait encore le motif de notre agression; nous-mêmes nous ne savions pourquoi on faisait la guerre, et quand les officiers, discutant entre eux, abordaient cette question, ils disaient : « Napoléon fait la guerre à l'Espagne parce que... » et s'arrêtaient là. Mais nous devinions bien que nous allions être employés à la défense d'une cause injuste, et cela nous disposait plus à la tristesse qu'à la gaieté.

« Bientôt les événements devinrent sérieux. Je fus au premier choc à la bataille de Rio-Seco, où Bessières battit les Espagnols. Ceux-ci, rapides comme le vent, se jetaient en masse sur nous, se sauvaient aussitôt, mais revenaient vingt fois à la charge et nous lassaient à mort. A mon avis, la guerre d'Espagne a surtout été une guerre de fatigue et de dégoût pour le soldat.

« Quand le peuple espagnol, ennemi par nature de l'étranger, comprit bien que son indépendance nationale était en jeu, il se leva comme un seul homme; chaque village devint un champ de bataille, chaque montagne une redoute. Une attaque de notre part sur Saragosse fut repoussée avec perte; il en fut de même à Valence. Au sud de l'Espagne, le général Dupont, que je connaissais très bien et qui était un officier de mérite, fut obligé de capituler, et dix-huit mille hommes qui avaient survécu à d'affreux désastres furent jetés sur les rochers de Cabrera, dans la Méditerranée; la plupart moururent de faim, et parmi les rares survivants beaucoup perdirent la raison.

« Ces nouvelles nous désolaient et enhardissaient les Espagnols, surtout depuis qu'ils savaient Napoléon loin de nous. Ils voyaient en nous des bandits plutôt que des soldats, car, hélas! nous défendions une cause injuste, et les fautes du souverain nous écrasaient de tout leur poids.

« Tous les jours il manquait des hommes à l'appel.

« C'est une guerre de reptiles, » disaient les officiers. Voici comment on procédait pour imposer aux Espagnols. Lorsque dans un village six hommes, par exemple, étaient tués, le général françis faisait fusiller au moins six Espagnols. Ceux-ci à leur tour cherchaient à tuer le double de Français, en sorte que les massacres n'en finissaient plus.

« Un jour, dans un petit village, nous eûmes deux soldats tués. On trouva ces malheureux, non loin d'un ruisseau, baignés dans leur sang. Le général, — je ne veux pas le nommer, — déclara que si les coupables n'étaient pas découverts il ferait fusiller six notables bourgeois de l'endroit. Mais personne ne voulut assumer sur sa tête le châtiment qui ne pouvait manquer de frapper les coupables.

« Alors le curé du village, vénérable vieillard, déclara être l'auteur du méfait. Il espérait ainsi sauver de la désolation six familles de sa paroisse. Il marchait avec peine et ne pouvait plus évidemment porter une arme de guerre. De plus il jouissait de l'estime des officiers français : le « padre Juan » était un prêtre bien digne; maintes fois il avait recueilli dans sa demeure des blessés français et espagnols qu'il soignait sans faire acception de leur nationalité.

« Néanmoins, suivant l'ordre donné, il fut conduit sous une rangée de marronniers pour y être fusillé.

« Adieu, mes enfants, mes chers enfants, » ne cessait-il de dire à ses paroissiens, tous accourus pour assister à sa dernière heure.

« Je fus témoin de l'exécution; un frisson agita tous mes membres quand la détonation se fit entendre et que le saint homme roula inanimé sur l'herbe. Ses paroissiens allèrent tous tremper leurs mouchoirs dans son sang. La guerre est-elle donc toujours ainsi? me disais-je. C'est horrible !

« Quand les Espagnols pouvaient se saisir de nos soldats, ils leur faisaient souvent subir d'affreux supplices. Tantôt ils les brûlaient vifs, tantôt ils les suspendaient aux arbres la tête en bas; parfois même ils les mutilaient d'une manière atroce. C'était, en un mot, une guerre implacable, variant à l'infini, suivant la configuration du pays où l'on se trouvait, le caractère des gens des différentes provinces et les événements du jour : toute nouvelle d'un succès quelconque remporté par nous augmentait la rage des Espagnols; tout succès de leur côté ajoutait à leur ardeur, en sorte que nous avions constamment tout à craindre d'eux. De plus dans ces pays de montagnes nous ne pouvions jamais nous déployer, et il fallait faire uniquement la guerre des embuscades. Toujours des alertes, jamais de repos.

« Ce qui nous affligeait le plus, les officiers surtout, c'était de n'avoir qu'à exterminer des paysans. Point de ces exploits qui relèvent le moral du soldat : ici la guerre nous démoralisait surtout, et on était presque honteux des succès qu'on remportait en enfonçant et en brûlant des cabanes.

« L'empereur, cause de toutes ces calamités, était venu lui-même refaire la fortune de ses lieutenants : il enfonça l'armée espagnole à Burgos, à Espinosa, à Tudela; et les magnifiques cavaliers polonais enlevèrent au galop les défilés de la redoutable Somo-Sierra. Ce fut à cette occasion que je vis pour la première fois Madrid avec ses nombreux clochers à coupoles étincelantes, ses massifs d'arbres odoriférants, ses jardins, ses belles places et ses innombrables palais. Que de fois, sans la guerre, aurais-je souhaité d'habiter ce beau pays où les arbres fleurissent au commencement de février!

« Je vis aussi le roi Joseph, qui avait l'air d'un bon bourgeois; mais il ne possédait pas le regard d'aigle de son frère, il ne savait pas sévir, et souvent dans la guerre, hélas! on ne réussit que parce qu'on est cruel.

« Cependant la présence de Napoléon fascina un moment les Espagnols; mais quand il repartit, quand ils le surent enfoncé en Autriche, occupé à se battre sur le Danube, la guerre d'extermination devint effrayante.

« Nous avions été d'abord environ cent mille hommes; notre nombre fut porté à plus de deux cent cinquante mille. C'était beaucoup et ce n'était rien; car, éparpillés comme nous l'étions dans toutes les vallées du pays, nous luttions souvent un contre dix. Que de pauvres soldats périrent obscurs et ignorés!

« L'événement le plus effroyable de cette lutte fut le siège de Saragosse en Aragon. L'habitant de ce pays est énergique, fier et surtout très entêté : il sait tirer parti de tout; de là le proverbe : Donnez à l'Aragonais un clou, il l'enfoncera avec sa tête.

« Saragosse était alors une ville d'environ cent mille habitants. C'était une place bien fortifiée; aussi le siège fut-il d'une difficulté inouïe, et je crois que

de nos pauvres soldats huit mille au moins ont péri,
tant à l'extérieur de la ville que dans les combats de
rues. Saragosse, ce boulevard du patriotisme furieux,
nous coûta huit mois d'attaque (je fus présent aux
trois derniers), un mois de tranchée ouverte et vingt-
trois jours de combats acharnés dans les rues.

« Cependant, les brèches étant suffisantes, nous
avions débordé dans l'enceinte même de la cité après
des assauts meurtriers. A ce moment la lutte devint
épouvantable. Il fallait prendre chaque maison, et
dans chacune les combats ne finissaient que par la
mort du dernier des Espagnols. Les cadavres demeuraient sur place et empoisonnaient l'atmosphère.

« Il fallait une lutte acharnée non seulement pour
s'emparer de chaque maison, mais encore pour pénétrer dans chaque pièce : les portes, les plafonds
étaient percés de trous par lesquels les Espagnols à
l'affût nous envoyaient leurs projectiles. Et si les soldats s'amusaient à présenter au bout de leurs baïon-
nettes un shako à l'orifice de ces meurtrières impro-
visées, aussitôt il était percé de balles.

« Les maisons trop bien défendues ou trop fortes
par leur situation étaient attaquées par des mines et
sautaient avec un bruit horrible. Mais auparavant on
avait soin d'y attirer les Espagnols, et ils y périssaient
en masse. Les combats les plus meurtriers furent ceux
qui se livrèrent autour du couvent de Santa-Engrazia.
C'est là que, perdu au milieu de la mêlée, je reçus
plusieurs blessures assez sérieuses. Je m'affaissai au
moment où le couvent, miné depuis plusieurs jours,

sauta sous l'explosion de plusieurs milliers de poudre. L'horreur qui en résulta suspendit le combat pour quelques moments et me donna le temps de ramper jusque vers une maison en ruines, remplie de cadavres à moitié décomposés. C'est là que je fus recueilli pour être porté à l'ambulance.

« Saragosse se rendit enfin : son chef Palafox, dont le mot d'ordre était : « Guerre au couteau! » consentit à sortir des bâtiments qu'il occupait encore. Plus de cinquante mille habitants avaient péri.

« De temps en temps les soldats massacrés étaient remplacés par de nouvelles recrues; mais les choses n'avançaient pas, et, il faut bien le dire, les maréchaux et les généraux étaient souvent, par leurs rivalités et leurs jalousies réciproques, la cause de nos désastres.

« C'est en Castille que j'eus pour mon compte le plus de misères à endurer. J'avais été envoyé dans ce pays pour y achever ma convalescence. Dès que je fus guéri, j'eus à rejoindre un corps de troupes. Un jour nous fûmes surpris par quelques centaines de paysans armés; nous étions un détachement de trente hommes, dont la plupart périrent; les autres, au nombre de cinq, harassés de fatigue ou blessés, furent faits prisonniers : ce fut mon sort.

« Les Espagnols voulaient avoir la satisfaction de nous pendre aux arbres de la route; nous servirions ainsi d'exemple aux autres Français. Déjà on procédait à notre exécution, lorsqu'il y eut une alerte dans nos environs. Sans doute nos compatriotes étaient là. Je ne fis pas de longues réflexions : me précipitant vers une forêt, je parvins à m'échapper, grâce à une panique qui dura quelques instants, et je pus rejoindre mon corps. J'ignore ce que sont devenus mes compagnons.

« Quelque temps après, je fus envoyé avec ma brigade en reconnaissance, et je m'égarai dans les montagnes : c'était vers les sources du fleuve appelé la Guadiana. Le pays était assez désert, mais très accidenté, et j'eus infiniment de peine à avancer à cheval. Enfin, vers le coucher du soleil, j'atteignis la lisière de la forêt : un terrain plat, couvert de hautes herbes, se trouvait devant moi. Mais à peine mon cheval eut-il fait quelques pas qu'il enfonça jusqu'au poitrail. Il ne m'était pourtant plus possible de revenir en arrière ; le mieux était d'avancer toujours, au risque de perdre ma monture. Déjà un bruit confus m'annonçait l'approche des Espagnols.

« Je m'élançai à terre pour prendre le cheval par la bride. A mesure que je m'engageais davantage, les difficultés de la marche augmentaient, et bientôt de hauts joncs, des roseaux, des flaques d'eau profondes me barrèrent partout le chemin. A chaque pas je disparaissais dans la fange. Dieu, quelle situation !

« Une lumière se fit dans mon esprit : j'étais dans les marais de la Guadiana. Ce fleuve disparaît sur un espace de vingt kilomètres, au commencement de son cours, et se reforme ensuite pour produire d'abord d'innombrables flaques d'eau qu'on appelle les *Yeux de la Guadiana*. J'avais plus d'une fois entendu parler de cette particularité : je connaissais assez bien la géographie; le doute ne m'était donc pas permis sur ma triste situation. Oui, je me trouvais dans les *Yeux de la Guadiana!*

« Cette certitude terrible ne fit qu'augmenter mon courage. Mon cheval ne me suivait plus : sans doute il s'était noyé dans la fange. Je ne sais combien de temps je passai dans ces affreux marais; mais, quand je quittai ces repaires d'animaux immondes pour aborder un terrain solide, il faisait nuit noire. J'étais tout en sang. Incapable de marcher plus longtemps, je me blottis au fond d'un fourré d'arbres; je me recommandai à Dieu et m'endormis.

« Au point du jour je me réveillai comme d'un long cauchemar, et je descendis vers la vallée qui s'ouvrait devant moi. La fièvre et la faim me faisaient grelotter; néanmoins il me fallait éviter les demeures des hommes : le lion n'appréhende point l'antre du lion; l'homme seul se trouve souvent dans la triste nécessité de devoir fuir son semblable.

C'était un dimanche. Un sentier me conduisit au sommet d'une colline rocailleuse d'où l'on voyait la Guadiana serpenter par de longues sinuosités vers des régions lointaines, sur lesquelles la guerre avait sans doute aussi abattu sa main de fer. Non loin de moi se trouvait un village : il était donc prudent de marcher avec précaution, et je m'arrêtai dans l'idée d'observer d'abord.

« J'entendis les cloches appeler les fidèles à l'office. Alors toute la population, parée de ses plus beaux habits, se dirigea vers l'église. On célébrait la solennité de la première communion. Les garçons avaient le front orné de couronnes de laurier; les filles étaient vêtues de robes blanches et portaient des couronnes de roses. Tous ces enfants avaient en main des cierges allumés et s'avançaient vers le temple au milieu d'un recueillement profond. J'entendis très distinctement les chants et les instruments de musique, et ce moment me fit pleurer d'attendrissement. Ah! ma bonne mère, me disais-je, si tu avais su au moment de ma première communion que ton fils fût obligé, dix ans plus tard, de voir cette belle fête du haut d'une colline étrangère, au milieu d'un pays ennemi! Voilà ton fils; il est meurtri, mourant de faim; ses traits n'ont plus rien d'humain; tous les jours il ne voit que des massacres! Ma chère mère, n'oublie point ton pauvre enfant! Nous reverrons-nous jamais dans notre Alsace bien-aimée? Mon Dieu, je m'associe à la prière de ces étrangers; épargnez-nous surtout les horreurs de la guerre!

« Quand tout le monde fut entré au sanctuaire, j'avançai prudemment. J'espérais traverser le village sans encombre, grâce à l'office divin qui aurait rendu les habitations désertes pour quelque temps. J'arrivai d'abord à une cabane. J'en enfonçai la porte, car, hélas! la faim me torturait. Je fus assez heureux pour y trouver des vivres, que je payai en déposant une pièce d'argent dans l'embrasure d'une fenêtre. Quelques vieillards, quelques femmes me virent passer; mais la solennité du jour me préserva de toute tentative de poursuite. Une femme fit mine de vouloir donner l'alerte; je lui montrai mes bottes pleines de sang et elle rentra chez elle.

« Cependant la nourriture m'avait donné quelques forces, je pus me remettre en route et rejoindre le même jour un détachement de troupe du général Sébastiani.

« Les années de 1810 à 1814 nous furent fatales, car outre les Espagnols nous eûmes encore à combattre les Anglais; Joseph fut battu par eux à Talavera; Ney fut obligé d'abandonner la Galice; la grande bataille de Vittoria nous porta le dernier coup, et il nous fallut abandonner, village par village, le pays que nous avions si longtemps arrosé de notre sang et de celui des Espagnols.

« Aussi, malgré nos désastres, j'éprouvai un vif plaisir quand je revis les Pyrénées, où il arriva quelque chose d'assez plaisant à ma brigade.

« Un jour, nous étions assis autour d'un bon feu; chaque homme y avait porté son fagot. Un militaire survint qui, sans cérémonie, s'assit à côté de nous. « Va-t'en chercher un fagot tout comme nous avons « fait, lui dit un de mes compagnons. — Je puis « bien me chauffer sans cela, » lui répondit l'inconnu. Mais aussitôt il est renversé par son trop bouillant voisin. Alors, se redressant, il entr'ouvre son mateau râpé et rit aux éclats. Quelle est notre consternation de reconnaître en lui le maréchal Soult! Il s'amusa beaucoup de cette aventure et nous quitta en nous remettant un napoléon.

« Mon dernier exploit remonte aux mauvais jours

de 1814. Versé dans le corps de dragons du général
Milhau, je fis partie de ce qu'on appela les lions
d'Espagne; au nombre d'environ dix-huit cents seū-
lement, nous attaquâmes un corps de Cosaques et
d'Autrichiens fort d'au moins dix mille hommes, qui
s'avançait de Colmar vers Sainte-Croix-en-Plaine. A la
bonne heure, me disais-je, tu pourras te battre enfin
dans ton pays, sur le sol alsacien et pour la défense
de ta patrie! Le choc fut terrible : sur les champs,
dans les vignes, dans les rues du bourg de Sainte-
Croix, où les paysans s'étaient joints à nous, partout,
en un mot, les Cosaques furent sabrés.

« Au bord de la route, à un kilomètre du bourg, on
voit aujourd'hui encore la tombe commune de tous les
soldats étrangers; elle est plantée de saules. Pour se
venger de cet échec, les alliés voulurent réduire Sainte-
Croix en cendres; déjà les batteries étaient élevées aux
alentours lorsque le prince de Schwartzenberg fit grâce
aux habitants, qui depuis célèbrent par une fête religieuse l'anniversaire de cette journée terrible.

« Le combat dont je viens de vous parler fut mon
dernier exploit, car je fus grièvement blessé à la poursuite des Cosaques. C'était ma dix-septième blessure.
Quand je fus guéri, je revins au village natal. J'étais
plus ou moins invalide, aussi n'ai-je pu prendre part
avec mes frères d'armes au suprême combat de Waterloo. »

COURSES A FRAIZE

COURSES A FRAIZE

Les hivers passaient égayés par le travail et les causeries intimes. Quand le temps le permettait, c'est-à-dire quand la neige était durcie, je reprenais mes voyages avec ma charge de bouteilles sur le dos.

Le voyage que je fis le plus souvent fut celui de Fraize dans les Vosges. Fraize possédait un médecin qu'on venait consulter de dix lieues à la ronde, car il n'y en avait pas d'autres dans le pays. Je fis ce voyage soixante-six fois, le plus souvent au profit des habitants de notre village.

Pour m'acquitter facilement de mes commissions, je notais sur un carnet le nom, l'âge des personnes malades, les symptômes de leurs maladies. Le médecin examinait le « dossier » de chaque malade et m'adressait, sous le sceau du secret, une foule de questions concernant chaque cas particulier. Alors il me confiait les médicaments, que je marquais du nom des destinataires, et m'en expliquait l'emploi, que je transcrivais dans mon carnet. Comme j'étais heureux de savoir lire et écrire et de connaître deux langues!

Le médecin de Fraize m'estimait parce que je savais être utile, et les clients dont j'étais l'interprète avaient également confiance en moi. Quand je venais chez lui, il ne manquait pas de me faire servir une demi-bouteille de vin avec du pain et du fromage. Le plus souvent c'était tout ce que je consommais pour faire un voyage de quatorze lieues.

Pour aller à Fraize je passais par la Schlucht et la commune boisée du Valtin. Le plus souvent j'entreprenais le voyage pour plusieurs personnes à la fois, et chacune me récompensait à son gré. Cependant, pour n'exploiter personne, j'avais bien soin de dire aux intéressés que plusieurs familles partageraient les frais du commissionnaire, et, quant aux pauvres, je ne leur demandais rien.

La commune du Valtin est située dans une gorge profonde. Point d'autre horizon que les sombres forêts, les rochers, les tourbières, les prairies vert foncé étendues au milieu des bois. Cependant ces solitudes sont animées tantôt par le son mélancolique des clochettes, lorsque les troupeaux paissent sous les hauts sapins, tantôt par le rabot du sabotier ou la navette du tisserand, ou encore le bruit sourd des torrents qui forment de nombreuses cascades : non loin du Valtin, le Rudelin tombe dans la Meurthe d'une hauteur de trente mètres.

Fraize, chef-lieu de canton situé sur la Meurthe, dans l'arrondissement de Saint-Dié, a de nos jours deux mille cinq cents habitants. C'est un bourg important, qui au xvii⁰ siècle cultivait encore la vigne. Mais, en 1635, les Suédois le dévastèrent presque entièrement, ainsi que la Bresse; l'Alsace et la Lorraine ont surtout été creullement éprouvées par la guerre de Trente ans.

Le médecin de Fraize était un homme droit, intègre, avare de paroles, très consciencieux et quelque peu original. Un jour, dans les rues du bourg, une dame l'apostropha d'une manière très inconvenante et lui dit : « Monsieur, vos remèdes ne m'ont fait que du mal. — Fermez bien les yeux, dit le médecin, et sortez la langue, afin que je puisse voir si cet organe essentiel est malade. » C'était un jour de marché. Notre dame obéit aux ordres du médecin; mais celui-ci s'en va doucement et la laisse dans cette singulière position, jusqu'à ce que les huées des gamins de l'endroit et les éclats de rire des passants lui révélèrent sa sottise.

Un autre jour un homme venait se plaindre d'une courbature; outre des souffrances vives, le mal l'avait comme plié en deux. Le médecin lui ordonne de s'appuyer solidement à une cloison de la chambre; puis d'un élan terrible il lui saute sur la nuque « Imbécile! » rugit le patient. Il se redresse; il était guéri.

Une autre fois, pendant que j'étais à Fraize, un jeune homme vint faire voir un affreux panaris. Le membre malade avait acquis des proportions énormes et était déjà enveloppé de chair morte. « L'amputation sera peut-être nécessaire, dit le médecin, mais avant d'y recourir je vais user d'un dernier remède un peu énergique. »

Aussitôt il ouvre une armoire, et je faillis tomber à la renverse en y découvrant un squelette humain. Ma frayeur, l'expression comique de ma figure excitèrent la gaieté de l'homme de l'art, qui examina longuement sur le squelette les articulations des doigts. Ensuite, prenant un couteau, il pratiqua au doigt du jeune homme une incision dans le sens de la longueur, appela son domestique, fit entrer le doigt dans le nœud coulant d'une lanière en cuir dont il garda un bout, puis, présentant l'autre bout à son aide, il commanda d'une voix vibrante : « Tirez. » Le patient gémissait et se tordait dans la douleur. Le sang jaillissait sur le plancher, et le médecin ne cessait de crier : « Tirez, tirez plus fort. » Enfin il s'arrêta, pansa le doigt et dit au jeune homme en lui expliquant le traitement qu'il fallait suivre : « Vous reviendrez dans trois jours ; si alors il n'y a aucune amélioration, nous couperons votre doigt, c'est un remède sûr et très simple. » Ajoutons que le jeune homme guérit rapidement.

C'était en hiver surtout que les maladies devenaient plus nombreuses et m'obligeaient à faire la course de Fraize, course accablante par un froid intense et sur une neige qui ne cessait de couvrir la crête des Vosges.

Vers 1840, une sorte de choléra fit périr dans notre

village quarante-cinq personnes; il y avait des malades dans presque toutes les maisons, et la terreur était grande. Ma femme à son tour fut atteinte de cette épidémie redoutable, et son état empira tout à coup, au point de faire craindre une issue fatale. Je résolus d'aller à Fraize. C'était en décembre; il y avait plus d'un mètre de neige. Je partis à deux heures du matin par un beau clair de lune, et je courus si bien, que j'arrivai avant neuf heures chez le docteur. Une demi-heure après je reprenais la route pour revenir.

La crainte de trouver ma chère Marie-Anne dans un état désespéré me donnait des ailes; je courais comme un chevreuil sur la neige durcie. De la crête des monts je voyais les lacs de Gérardmer couverts d'une nappe de glace. Au sommet du Hohneck des tourbillons de vent faisaient ondoyer en vastes spirales des vapeurs roussâtres; l'air, vif et pénétrant d'abord, devenait plus doux, et dans les régions inférieures un calme parfait semblait présager un changement de temps.

Avant deux heures du soir j'étais de retour chez moi. Le cœur me battait fort, mais j'espérais arracher ma femme des mains inflexibles de la mort : tant l'amour se croit capable de tout!

Je lui fis prendre immédiatement le remède que j'avais apporté de Fraize, et elle se sentit aussitôt soulagée. « Courage! lui disais-je en baisant son front brûlant, courage! ce ne sera pas grave. — Oui, me dit-elle, comme rassurée par ma présence, ce ne sera rien. »

Je venais d'ôter mes chaussures et j'étais à peine assis depuis un quart d'heure, lorsque M. Griner entra chez nous la figure toute bouleversée et me dit : « Joseph, j'ai un grand service à vous demander. Ma femme, atteinte de la dysenterie, ne vivra pas jusqu'à demain matin si on ne lui porte secours ; je vous conjure de la sauver ; voudriez-vous aller à Fraize? — C'est impossible, répondis-je, j'en viens ; j'ai fait quatorze lieues en douze heures et je n'en puis plus. »

Le père Griner baissa les yeux, puis jeta un regard suppliant sur ma femme et sur moi. Le langage muet de ses yeux me toucha ; ses bienfaits sans nombre, l'intérêt si vif qu'il m'avait toujours porté me revenaient à la mémoire ; de plus il s'agissait de la vie d'une mère de famille. Ma femme semblait, ainsi que le père Griner, me demander un sacrifice héroïque. « Passez-moi les bottes, dis-je à mes enfants, je retourne à Fraize ! » Le père Griner pleura de reconnaissance quand il me vit repartir pour entreprendre une seconde fois, par la neige et le froid, un si long voyage.

Ce que j'allais tenter était presque surhumain, mais le temps pressait et je ne m'attardai pas à raisonner.

Quand j'arrivai au Valtin il faisait nuit. Vers huit heures je fus à Fraize. J'y pris un quart d'heure de repos pendant que le médecin préparait les médicaments ; ensuite je repartis.

Le ciel était sombre, tout annonçait un changement dans l'état de l'atmosphère. Il ne faisait plus froid, et même sur la montagne la neige devenait molle, augmentant ainsi singulièrement les difficultés de la marche.

Quand je fus arrivé sous le sommet du Hohneck, une pluie torrentielle vint m'assaillir et continua jusqu'au terme de mon voyage. Le chalet du Furstmiss était couvert par les neiges; je ne le vis même pas. La blanche surface de la neige était coupée de temps à autre par quelques sommets noirâtres des rochers : on eût dit autant de monuments funèbres. Les gémissements plaintifs du vent, entrecoupés par les notes funèbres des corbeaux, me faisaient tressaillir à chaque instant. J'avais beaucoup de peine à marcher, par cette nuit noire et sinistre, au milieu de la pluie, de la neige, des traînées de glace qui s'étendaient jusqu'au niveau du lac de la Blanchemer; la sueur m'inondait autant que la pluie, et, pour me rafraîchir, je frottais avec de la neige mon front brûlant.

Quand j'arrivai au Rothenbach, vers une heure du matin, le vent et la pluie redoublèrent de violence, mais heureusement je n'avais plus qu'à descendre vers la vallée. Enfin je fis si bien, qu'à deux heures du matin j'entrais chez le père Griner. J'apportais le salut : il n'était que temps; quelques heures encore et la pauvre femme était perdue sans retour. Je me ressentis longtemps de cet excès de fatigue : j'avais fait par la neige et la pluie, et à travers les montagnes, vingt-huit grandes lieues en vingt-quatre heures!

HONORE TES PÈRE ET MÈRE

HONORE TES PÈRE ET MÈRE

Revenons un moment à nos anciens amis du Bramont. Hans s'était marié : il avait déjà des enfants assez grands. Christian, un des vieillards les plus âgés du pays, était le compagnon habituel et l'ami intime de mes vieux parents; il avait quatre-vingt-cinq ans et jouissait de toutes ses facultés. Mais en 1840, au mois de novembre, il s'éteignit doucement, presque sans maladie. Quelques jours après, ma mère, âgée de quatre-vingt-deux ans, fut atteinte d'une fluxion de poitrine et d'une paralysie. Sentant sa fin prochaine, elle fit rassembler ses enfants autour de son lit, nous exhorta à toujours suivre les voies de la religion et de l'honneur, puis nous dit : « Adieu, mes chers enfants, j'espère aller auprès de Dieu notre Père, et je ne vous oublierai point : priez pour moi. » Puis elle mourut en paix, en murmurant le *Salve Regina*.

Je pleurai sincèrement ma bonne vieille mère, dont j'ai toujours gardé l'image pieusement gravée dans mon cœur et dont j'aime toujours à visiter la tombe. Quel que soit l'âge de vos parents quand ils meurent, vous perdez en eux, pour ainsi dire, une portion de votre âme.

Mais je ressentis surtout très vivement la douleur de mon père ; il avait alors quatre-vingts ans. Mes parents avaient vécu cinquante-deux ans dans l'union la plus heureuse ; aussi ne puis-je me représenter sans pleurer ce pauvre vieillard sanglotant sur la tombe de celle qui le retenait seul sur la terre.

Mais déjà ma chère femme avait trouvé des consolations pour le « bon grand-papa » de mes petits enfants. « Nous arrangerons une petite chambre pour le père, me dit-elle ; je saurai le soigner et adoucir son chagrin. »

Que je fus reconnaissant à ma femme de prévenir ainsi mes désirs! Chère Marie-Anne, toi-même depuis dix ans tu dors en paix! Que Dieu te récompense!

Une petite chambre bien close fut donc préparée. Elle était isolée des autres, car les vieillards aiment le repos. Mais à table le grand-papa tenait la place d'honneur ; rien ne se faisait contrairement à son avis. Il vécut heureux auprès de nous encore deux ans ; et je puis aujourd'hui visiter sa tombe sans avoir aucun reproche à me faire.

Quant à la maison paternelle, un de mes frères en fit sa demeure, en sorte que mon père, toutes les fois qu'il désirait revoir les lieux si chers à ses souvenirs, pouvait librement y aller. D'ailleurs il aimait beaucoup à vivre auprès de nous ; ma femme était si bonne ! Mes enfant l'aimaient et le respectaient ; et, quant à moi, jamais je ne revenais d'un voyage sans lui rapporter quelque chose qui pût lui être agréable.

Quel meilleur exemple pouvais-je d'ailleurs donner à mes propres enfants que de leur montrer par moi-même comment on honore ses parents? La présence d'un grand-père au milieu de ses petits-enfants est une vivante leçon de morale, quand il est honoré et qu'on le traite avec les égards dus aux parents et à la vieillesse : ne l'oubliez pas, le titre de vieillard et de père donne doublement droit à notre vénération.

D'ailleurs, mes amis, la Providence est juste : on usera envers vous de la même mesure dont vous vous serez servis envers les autres : si vous avez respecté vos parents, vos propres enfants vous honoreront; si, au contraire, vous avez manqué à vos devoirs de fils, vos enfants vous rendront, et avec usure, le mal pour le mal.

Permettez-moi d'emprunter aux annales mêmes de notre pays plusieurs traits que vous avez peut-être entendu citer et qui prouvent la justesse de mes réflexions. On ne saurait trop insister du reste sur les devoirs de respect, de soumission, d'affection dont les enfants doivent entourer leurs parents.

« Un paysan très aisé du pays d'Altkirch (Sundgau, Alsace) voulut faire de son fils un savant. Il le plaça dans un établissement, et le jeune homme fit des progrès rapides dans toutes les sciences. Malheureusement l'orgueil s'empara de lui dès qu'il eut quitté la maison paternelle et fit de lui un ingrat. Son bon père, vêtu de ses habits de paysan, venait-il le voir : « Quel est ce bonhomme? lui demandaient à chaque « visite ses condisciples. — C'est le premier domes- « tique de mon père, » répondait-il.

« Lorsqu'il eut presque terminé ses études, il voulut se vouer au sacerdoce, oubliant que cette sainte carrière n'était pas en harmonie avec les vils sentiments de son cœur. Heureusement il ne put donner suite à son projet, et entra finalement dans le commerce, où il fit de brillantes affaires. Quant à ses parents, il rougissait trop de leur modeste condition pour s'abaisser jusqu'à eux; son ingratitude les affligea au point d'abréger leurs jours.

« Mais alors la main de Dieu s'appesantit de tout son poids sur celui qui disait de son père : « C'est « notre premier domestique. » Héritier d'une fortune considérable, il voulut l'agrandir encore; il fit des spéculations hasardeuses, s'unit à de mauvais associés dont les faillites l'atteignirent successivement, vit consumer par le feu un de ses établissements qui n'était pas assuré; bref, il eut à subir un tel assaut de malheurs que dans l'espace de cinq ans il fut presque réduit à la mendicité. Errant comme un malfaiteur, dépensant le peu qui lui restait, il tomba au plus bas de la misère et de l'abjection, et mourut dans une maison de charité. »

Mon second trait contient une juste leçon, comme la Providence se plaît quelquefois à en donner.

« Dans une famille composée de deux jeunes époux et d'un enfant, se trouvait aussi le père du mari, vieillard infirme, presque aveugle et à moité sourd; ses genoux tremblaient quand il marchait; ses mouvements étaient embarrassés, et il lui arrivait souvent à table de renverser un objet ou de répandre un plat. Son fils, quoique dur envers lui, se taisait; mais sa bru éclatait en reproches et en injures; bientôt elle ne voulut plus même tolérer le vieillard à la table; elle lui assigna un petit emplacement derrière le fourneau et lui mit son chétif repas dans une tasse.

« Un jour, le vieillard laissa glisser la tasse, qui se brisa sur le plancher. La femme fit un grand vacarme et son fils le reprit avec humeur. Devant une conduite aussi indigne, le pauvre vieillard se contentait de gémir; de temps en temps il lançait un regard douloureux vers la table, et de ses yeux éteints s'échappaient des larmes.

« On avait acheté au grand-papa une terrine pour remplacer la tasse : c'était depuis lors toute sa vaisselle.

« Or, un soir que ce fils dénaturé et sa femme étaient assis à table, ils remarquèrent leur jeune enfant qui par terre s'amusait à joindre des planchettes.

« Que fais-tu là? lui dirent-ils. — Je fais une auge,
« répondit l'enfant; c'est dans cette auge que je ferai
« manger papa et maman, quand je serai grand et
« qu'ils seront vieux. »

« Le mari et la femme, consternés, se regardèrent un moment, éclatèrent ensuite en sanglots et se jetèrent dans les bras de leur vieux père en lui demandant pardon. A partir de ce moment, le vieillard reprit sa place à table et fut entouré d'autant de respect qu'il avait été indignement traité. »

Mon troisième exemple vous démontrera que Dieu protège les enfants qui honorent leurs parents.

« Un père dénaturé avait délaissé ses enfants après avoir dissipé leur fortune. Ceux-ci furent recueillis par des personnes généreuses et apprirent différents métiers. Bien des années après, le père revint de l'étranger. Il était déguenillé, couvert de vermine, et presque un objet d'horreur. Mais ses enfants, loin de rougir de lui, le recueillirent, le soignèrent, le traitèrent avec respect et affection, et il ne manqua de rien jusqu'à la fin de ses jours.

« Aussi la bénédiction de Dieu reposa-t-elle visiblement sur eux. Un homme très riche et généreux épousa l'aînée des filles, car, se disait-il, une enfant si bonne envers son père deviendra assurément une bonne épouse. L'un des fils devint receveur des finances, un autre riche cultivateur; tous, en un mot, arrivèrent à la fortune et jouirent de la plus grande considération. »

Donc, mes amis, n'imitons pas Cham, l'enfant dénaturé, mais rappelons-nous toujours cette parole : « La « bénédiction du père élève une maison aux enfants, « et la malédiction de la mère la détruit jusqu'aux « fondements. »

BALLONS D'ALSACE ET DE SERVANCE

BALLONS D'ALSACE ET DE SERVANCE

Au mois de juin 1843, j'eus à conduire en Lorraine un savant strasbourgeois. Ce fut pour moi le sujet d'un voyage intéressant.

Nous nous dirigeons d'abord par les gros villages de Kruth, Oderen, Fellering, vers Urbès, situé dans un vallon latéral et encaissé dans les montagnes. Notre route nous fait longer le lac d'Urbès, qui n'est guère qu'un marais, mais néanmoins très poissonneux. A notre gauche la forêt du Chauvelin se continue jusque vers l'entrée du village.

En sortant d'Urbès, qui est un village très propre et pittoresquement assis au pied des monts, on commence à gravir les hauteurs par la route qui relie Wesserling à Bussang et à Remiremont. Il est difficile de faire en été une plus belle promenade. Les prairies, les rochers, les frais ruisseaux, les buissons fleuris, les bouquets de plantes rares, les sapins touffus, les talus abrupts, les sommets altiers, les détours capricieux de la route ombragée par de longues files d'arbres séculaires, tout cela forme un ensemble admirable. Parfois on avance entre deux hautes murailles de rochers d'où s'écoule une eau fraîche et abondante, puis tout d'un coup on se trouve entre deux tapis de mousse. Un bruissement se fait entendre : c'est un filet d'eau qui, réduit en des flocons d'écume, tombe d'une paroi escarpée ou bondit sur un lit rocailleux, à travers les fougères et les buissons. Lorsque nous jetons un coup d'œil vers la vallée, nous voyons les clochers resplendir au soleil, et partout se déroulent les plus belles routes que l'étranger puisse parcourir.

Deux monts altiers semblent garder les approches du col de Bussang : à droite le Drumont étale ses vastes moraines, dans lesquelles les sorbiers, les merisiers qu'on utilise pour faire des pipes, les coudriers, les ifs et quelques gazons forment comme autant d'îlots de verdure; des rochers menaçants, aigus, taillés bizarrement par un travail vingt fois séculaire, penchés sur ce désert de pierres, le couronnent dans la région supérieure où se jouent les brouillards; tandis qu'au sommet de ce vaste et majestueux ballon les troupeaux paissent tranquillement, et que les fleurs et le gazon ont remplacé la nature âpre et sauvage.

A votre gauche s'élève une montagne très escarpée, couverte d'une noire forêt de sapins dont l'ombre se

profile sur la route. Elle ne recèle point de moraines
dans ses flancs; néanmoins les teintes sombres de ses
fleurs et de sa verdure conviennent éminemment à
ces lieux sauvages, qui servent d'abri aux animaux
féroces.

Mais déjà le tunnel de Bussang se présente devant
nous; nous touchons aux nouvelles frontières établies

Ballons d'Alsace.

par les traités de 1871. Une auberge, qui est de ce côté
la dernière maison de l'Alsace, est située devant le
tunnel, long de trois à quatre cents pas. Au milieu de
cette sombre voûte, d'où s'échappent par mille fis-
sures les eaux infiltrées, se trouve une borne qui indique les frontières de la Lorraine et de l'Alsace.
Quand on revient à la lumière on est sur le territoire
de la commune française de Bussang.

La scène a changé d'aspect : des prairies très vertes,
arrosées par des sources nombreuses et parsemées de
rochers dénudés, couvrent les collines, et chacune
renferme une cabane couverte de bardeaux. La principale ressource des habitants est la fabrication du
fromage blanc.

Descendons du tunnel par l'ancienne route ; à peine avons-nous fait quelques pas, que nous voyons à nos côtés, dans une verte prairie, une source froide et limpide. Un bassin circulaire d'un pied carré, une touffe de cresson nageant dans les flots purs, quelques cailloux polis par les eaux : c'est là le berceau de la Moselle.

Quelle différence entre cette humble source et cette même rivière lorsqu'elle verse ses vastes ondes limoneuses dans le Rhin à Coblentz! Mais elle n'est devenue forte que pour sacrifier son indépendance : c'est l'histoire des petits États qui, pour être protégés et porter un grand nom, s'incorporent à quelque puissante nation.

Jadis la source de la Moselle était désignée à l'étranger par une hutte en planches. Une demi-lieue plus loin, quand elle s'infiltre dans les prairies de Bussang sous les gazons de perce-neige et d'anémones, elle nourrit déjà la truite et devient un ruisseau important. A quelques lieues d'ici, au Thillot, elle fait marcher quantité d'usines; plus loin, au delà d'Épinal, c'est une rivière navigable du premier ordre, longue d'environ cinq cents kilomètres.

Déjà nous sommes arrivés à la source minérale ferrugineuse de Bussang, exploitée depuis 1696, et dont la célébrité ne peut que grandir. A quelques pas plus loin se trouve une source semblable, la source Marie, utilisée depuis quelque temps seulement.

Bussang est une commune très importante, dont

les prairies, l'industrie et la source minérale forment
les principaux revenus.

Descendons l'étroite vallée de la Moselle; après
avoir parcouru six kilomètres nous sommes à Saint-
Maurice, centre industriel très important, relié depuis
peu à Remiremont par une voie ferrée; les filatures
de l'endroit comptent dix-huit mille broches. Saint-
Maurice, village de deux mille deux cents habitants,
est au pied du ballon du même nom et possède une
très belle église. Plus loin nous traversons le village
de Fresse. Devant nous se dresse une montagne
escarpée, très élevée, et qui tous les ans est couverte
de neiges abondantes jusqu'au mois de juin ou même
de juillet; maintes fois notre regard vole vers cette
haute crête, dont les murailles gigantesques semblent
une fois de plus barrer l'entrée du pays : c'est le Ballon
de Servance.

Enfin on arrive au bourg du Thillot, également
traversé par la Moselle. Le Thillot est un chef-lieu
de canton de deux mille deux cents habitants, et a
depuis quelques années acquis une haute importance,
tant par sa situation que par son commerce et son
industrie.

Ici la vallée est large, ou plutôt plusieurs vallées se
croisent. D'un côté, c'est celle du Ménil, qui nous
conduit soit à Ventron, soit à Saulxures, Cornimont
et la Bresse; de l'autre, c'est le vallon qui aboutit au
fort du Château-Lambert, élevé dans ces dernières
années sur une haute colline au-dessus du Thillot, et
qui a coûté plus de huit millions. En aval du Thillot

on remarque le gros village du Ramonchamp, adossé
à une rangée de belles collines.

Mon compagnon était continuellement en extase
devant ces paysages si variés et si pittoresques, et il
ne cessait de braquer sa longue-vue sur un point ou
sur un autre que pour collectionner des pierres et des
plantes, qu'il me chargeait de porter : volontiers il
eût emporté des rochers entiers, ce qui n'était pas
sans me causer quelque inquiétude. Il comptait explo-
rer en premier lieu le Ballon de Servance, me laissant
libre toutefois de modifier notre itinéraire.

Nous visitâmes d'abord le col du Château-Lambert,
où s'élève une auberge isolée, bâtie au point culminant de la belle route qui va du Thillot à la Haute-
Saône. C'est la ligne de démarcation des bassins du
Rhône et du Rhin, et l'eau qui découle de la toiture
de l'auberge est tributaire en partie de l'Ognon, sous-
affluent du Rhône, qui se jette dans la Méditerranée,
et en partie de la Moselle, que le Rhin porte avec ses
ondes à la mer du Nord.

La vue dont on jouit du haut de ce petit col est très
attrayante. A quelques pas c'est le fort du Thillot avec
ses batteries menaçantes; à vos côtés s'élève une colline couverte de genêts et de bruyères, et couronnée
par la statue de Notre-Dame des Neiges. Devant vous
c'est Château-Lambert, premier village de la Haute-
Saône, tout isolé, cramponné, pour ainsi dire, à un
des contreforts du Ballon de Servance. Derrière vous
se déroulent la vallée de la Moselle et du Ménil et la
belle forêt de hêtres que vous venez de traverser; à

vos pieds le regard plane avec plaisir sur la belle
vallée de l'Ognon, le pays de Servance et de Mélisey,
un des jardins de la Haute-Saône.

En revenant de cet observatoire, nous longeâmes
la montagne au-dessus du Thillot jusque vers Saint-

Maurice, et nous passâmes ainsi devant les bouches
ténébreuses des mines de fer et de cuivre abandonnées
depuis le siècle dernier. Mon savant proposa d'y entrer. J'avais heureusement emporté une petite lanterne
et un bout de chandelle. De vastes galeries s'ouvraient
partout devant nous, et nous avançâmes avec précaution sur les monceaux de minerai. « On retirait
donc jadis du fer de ces montagnes, me dit le savant,

c'est-à-dire on y trouvait le métal le plus noble qui
existe? »

Je me mis à sourire à ce propos; mais le savant
devina mes pensées et me dit : « Vous ne croyez pas
que le fer soit le métal le plus noble? Vous songez sans
doute à l'or et à l'argent; mais n'oubliez pas que ces
deux métaux ne pourraient nous fournir ni une char-
rue, ni une hache, ni un couteau, ni une aiguille, ni
un rabot, ni un instrument ou un outil quelconque,
pas seulement un clou pour votre chaussure, même en
supposant qu'ils fussent très répandus dans la nature,
parce qu'ils sont trop mous. Le fer est donc plus noble
par son utilité que l'or et l'argent; il l'est aussi par la
valeur qu'on peut lui donner : un kilogramme d'or
monnayé vaut trois mille cent francs, tandis qu'un
kilogramme de fer converti en ressorts de montre vaut
au delà de trente mille francs. — Mais le fer est rongé
par la rouille, lui dis-je. — Oui, répondit-il, l'or et
l'argent gardent leur éclat et ne se ternissent pas au
contact des corps étrangers; on les emploiera donc
de préférence pour fabriquer les monnaies et toutes
sortes de bijoux. Mais cette rouille même que vous
méprisez est pourtant un des éléments constitutifs de
notre sang, et nous fortifie quand nous l'absorbons
avec nos boissons. C'est à elle que la source de Bussang doit ses propriétés bienfaisantes. »

Cependant nous avancions au hasard dans les galeries qui se croisaient en tout sens. Tout à coup le
savant me dit d'un air effaré : « Malheureux! comment
sortirons-nous d'ici? — Par où nous sommes entrés,

dis-je. — Oui, mais comment trouver l'issue dans cet immense dédale souterrain ? »

C'était vrai, nous n'y avions pas songé. « Nous aurions dû nous guider au moyen d'un fil ou marquer par un signe l'issue de chaque galerie que nous avons suivie, » continua le savant.

Il nous fallut alors marcher au hasard dans ce monde souterrain, et des marques que nous fîmes sur notre passage nous démontrèrent que vingt fois nous revenions au même endroit. Nous enfoncions-nous davantage vers les antres profonds, ou bien marchions-nous vers la lumière ? Nous ne le savions. Mais notre appréhension se changea bientôt en une véritable terreur. Ces sombres voûtes nous parurent de plus en plus effrayantes ; elles allaient peut-être devenir notre tombeau. Nous étions baignés de sueur ; nous courions, au risque de nous tuer. Enfin nous entrâmes dans une espèce de long corridor au bout duquel nous espérions trouver la délivrance. Bientôt il s'arrêta à un carrefour où nous reconnûmes une de nos marques. Fatalité !

« Le bout de chandelle est bientôt usé, » me dit le savant. Je n'avais pas eu le courage de lui en faire la remarque, mais je voyais avec terreur approcher le moment où nous allions manquer de lumière. « J'ai des allumettes, lui dis-je après quelques secondes. — Et moi du papier. »

La chandelle se consuma. Je ramassai le suif répandu au fond de ma petite lanterne, pour prolonger le bienfait de la lumière sans laquelle nous ne pou-

vions nous sauver. Enfin nous fûmes dans les ténèbres. Je fis brûler la première allumette. « Tenez-la
jusqu'au bout, » me cria le savant avec anxiété. Toutes
nos allumettes étant bientôt brûlées, le savant tira des
papiers, les divisa en lanières minces et longues et
nous en fîmes des falots. Mais bientôt cette ressource
allait nous faire défaut, lorsqu'au bout d'une galerie
longue et droite il nous sembla apparaître comme un
faible indice de lumière. Quelques minutes après
nous voyions notre chemin et nous sentions déjà l'air
extérieur qui nous ramenait la vie. Nous fûmes enfin
rendus à la lumière du soleil, au ciel bleu, aux oiseaux et aux forêts, après avoir passé dans de mor-
telles angoisses deux longues heures qui nous avaient
paru des siècles. Le savant était hors de lui : il m'embrassait à m'étouffer, dansait, sautait, gambadait ;
j'étais moi-même si heureux de revoir le jour,
que chaque brin de mousse me paraissait une merveille.

Nous étions partis du Thillot le matin ; vers midi
nous arrivâmes au Ballon de Servance, haut de onze
cent quatre-vingt-neuf mètres. Le temps était magnifique. Les Alpes et le Jura dans le lointain, les vallées
des Vosges, celles de la Franche-Comté avec leurs
nombreux étangs poissonneux, les hauts sommets de
l'Alsace, la colline des Charbonniers et les vastes forêts de Saint-Maurice formaient notre horizon.

Le gouvernement français a fait bâtir un fort au
sommet même de la montagne ; une route stratégique
et une ligne télégraphique y aboutissent. Il est permis

d'aller dîner à la cantine, mais l'entrée du fort est interdite.

Vers Saint-Maurice la montagne descend à pic. Son point culminant n'est pas une de ces tours rocheuses que l'on se plaît à trouver, mais bien un marais que l'on pourrait facilement convertir en étang.

Une gorge profonde s'étend entre le Ballon de Servance et celui de Giromagny, qui s'élève en face; et, grâce aux nombreux détours, il faut deux heures pour atteindre ce second sommet.

Quittons les pâturages du Ballon de Servance. Les sinuosités d'un sentier assez raide nous font arriver à une forêt connue par ses échos remarquables. A chaque instant on aperçoit des aires unies comme une table : ce sont les emplacements d'anciennes huttes de charbonniers. Le charbon ne se décompose pas au contact de l'air; il peut bien, sous l'influence des agents atmosphériques, être réduit en poudre; mais c'est toute l'altération qu'il puisse subir; pendant des siècles on reconnaît le lieu où se préparait le charbon de bois. Les charbonniers n'existent plus; leurs guérites de sapin ont disparu; en maint endroit les gazons ont remplacé les forêts antiques; plaise à Dieu cependant que la civilisation ne vienne pas profaner ces majestueuses solitudes!

Après avoir cheminé une heure et demie, nous avons regagné du fond de la gorge les hauteurs des Vosges; nous aboutissons à de vastes pâturages : c'est le Ballon d'Alsace, encore appelé Ballon de Giromagny ou de Saint-Maurice. Il a mille deux cent

cinquante-six mètres d'altitude. Son horizon est plus
étendu que celui du Ballon de Servance. A vos pieds
se déroule la vallée de Massevaux, dans laquelle on
remarque à une grande profondeur le lac de Sewen;
la plaine d'Alsace, avec ses villages nombreux, ses
bois, ses champs et ses vignobles, s'étale dans toute
sa splendeur; la cime auguste du Drumont, brillante
de verdure et tout ensoleillée, présente son massif
avec tant de relief, qu'on croit en toucher les moindres
accidents; dans notre voisinage le Ballon de Saint-
Antoine, plus vert qu'une prairie, le Gazon-Rouge
avec sa cime escarpée et triangulaire, et les pâturages
du Gresson charment surtout nos yeux. Nous distin-
guons facilement d'ici trois forts imposants : ceux
du Château-Lambert, du Ballon de Servance et de
Giromagny, et la vue s'étend à la fois sur les trois
départements du Haut-Rhin, des Vosges et de la
Haute-Saône.

Nous avions fait l'ascension du sommet avant d'entrer au chalet du Ballon, tant il nous avait tardé de
jouir de cette vue admirable. Nous revenons donc sur
nos pas pour nous reposer et nous réconforter. Le
savant étend au bord de la fontaine les plantes qu'il a
cueillies, ensuite nous nous attablons près du chalet
devant un repas copieux, au centre d'un horizon magnifique tout inondé de soleil.

La route qui passe au Ballon d'Alsace relie Belfort
et Giromagny à la vallée de la Moselle en aboutissant
à Saint-Maurice. C'est une des plus belles des Vosges.
Ses blanches sinuosités contrastent avec les sombres

sapins à travers lesquels elle serpente pour descendre en Lorraine. Souvent élevée sur de hauts talus murés, elle permet au voyageur de toucher de la main les cimes des sapins qui montent des profondeurs vers le niveau de la chaussée. Au milieu des bois se trouve une maison forestière, où tous les étrangers vont entendre les échos prolongés que réveille la détonation d'une pièce d'artillerie; toutes les gorges des montagnes en sont ébranlées, tous les rochers la reproduisent; enfin le bruit s'écoule et s'anéantit dans l'espace infini.

A quelques pas du chalet du Ballon on remarque les sources de la Savoureuse, charmante rivière qui baigne le territoire de Belfort.

Le savant n'avait pas d'itinéraire arrêté : il décida donc que nous visiterions la vallée de Massevaux.

A la descente nous rampons, pour ainsi dire, le long des pâturages du Ballon vers le sentier que nous remarquons au-dessous de nous. Les buissons de myrtilles, les gentianes et les sorbiers nous tendent leurs bras et nous aident dans notre course jusqu'au premier chalet de la vallée de Massevaux. A partir de là le sentier, souvent escarpé, serpente à travers les rocailles et les pâturages animés par des sources, qui bientôt se réunissent et forment la Doller, dont nous voyons encore la naissance.

Deux heures de marche fatigante nous amènent au fond de la vallée. Le paysage qui nous entoure est imposant et grandiose. Partout s'étend un vaste chaos de rochers, de moraines; çà et là, dans cet immense

cirque, l'œil s'arrête sur des bois touffus, des torrents,
dont l'un tombe d'une hauteur de plus de quarante
mètres et va rejoindre la Doller. Parfois aussi les rochers polis comme un marbre pavent notre sentier.

Nous avançons à travers les pâturages et les blocs
semés autour de nous et en partie ensevelis sous la
mousse ; le lac de Sewen se rapproche ; mais, avant
de l'atteindre, nous voyons la Doller ruisseler en
tourbillons d'écume du haut des arêtes aiguës dont
son cours est obstrué. Déjà le soleil couchant dore
le hauteurs du Ballon et les forêts de Sewen ; des
flammes paraissent les embraser ; dans le fond des
vallées le jour baisse et le silence se fait.

Au moment où nous arrivions au lac encadré de
prairies, les pêcheurs retiraient leurs filets ; puis nous
les vîmes glisser sur leurs barques légères jusqu'à la
Doller, qui les conduit à leur village natal.

Notre chemin tourne vers un rocher ombragé de
plusieurs tilleuls. Au pied du rocher envahi par les
ombres se trouvent un grand Christ en pierre et un
banc ; nous nous reposons un moment dans ce ravissant endroit. Nous n'avions plus que quelques pas à
faire pour arriver à Sewen. L'angélus sonnait au vieux
clocher du village lorsque nous atteignîmes les premières maisons ; tout était dans le calme et le repos ;
bientôt tout sommeillait dans les montagnes et dans
les chaumières.

MASSEVAUX ET LE ROSSBERG

MASSEVAUX ET LE ROSSBERG

Le lendemain, nous visitons le célèbre pèlerinage de Sewen. Le sanctuaire paraît dater des premiers siècles chrétiens, et se reporte peut-être à l'époque où Attila vint ravager l'Europe.

Ensuite nous nous acheminons vers les villages de Dollern et d'Oberbruck. Partout l'industrie a pénétré dans nos montagnes; à Oberbruck il y a plusieurs fabriques.

La vallée de Massevaux est bien plus fertile que celle de Saint-Amarin, mais plus restreinte et moins pittoresque. Quoique mieux exposée au soleil, elle n'a point de vignes. Par contre, elle nourrit de jolis troupeaux; ses villages ont gardé un cachet antique qui a trop disparu de notre pays.

C'est aux premières heures matinales que nous traversons, ravis par la beauté du paysage, les villages baignés par la Doller; cette rivière, ainsi que tous ses affluents, est peuplée de truites. A neuf heures du matin nous sommes à Massevaux.

Si jamais, mes amis, vous visitez ce bourg, allez entendre le magnifique orgue à soixante-douze jeux qui orne l'église et qui tient toute la largeur de l'édifice. C'est d'abord un chant doux et tendre : les flûtes, les violons, les hautbois et les chalumeaux, maniés par des artistes invisibles, vous transportent tantôt dans un site champêtre, tantôt à des rivages lointains. Est-ce la chanson du pâtre des Alpes ou la mélodie du joueur de mandoline assis sur la lave du Vésuve, au-dessus des merveilles du golfe napolitain?

Tout à coup, pendant que l'âme se berce dans une douce rêverie, les tambours, les clairons, les fifres retentissent et sont dominés par un son éclatant qui fait trembler les vitres : on dirait la trompette de Jéricho; on croirait entendre la note terrible que les morts mêmes entendront. Puis ce sont des cris aigus, des pleurs, des voix entremêlées et comme une foule qui se précipite. Ces sons, ces cris, ces frémissements, ce chaos est suivi d'un tonnerre prolongé aux roulements variés qui expire dans la nef du temple. Vous croyez même sentir le noir gouffre qui engloutit ses victimes.

Mais tout à coup un chœur d'enfants entonne un hymne ravissant qui vous transporte et vous attendrit : ce sont les saints innocents, les premiers héritiers du royaume de Dieu. Ensuite des voix de femmes font entendre des accents si doux, si tendres, qu'il vous semble voir passer devant vous le cortège des vierges, des martyres et de toutes les saintes femmes. Puis des voix robustes entonnent un chant à la fois religieux et guerrier; ce sont les confesseurs, les docteurs, le soldat et le prêtre, le riche bienfaisant et le pauvre déshérité. Ensuite un vénérable vieillard entonne d'une voix tremblotante un *Benedictus*, auquel répond par intervalles une voix d'enfant qui finit ce duo admirable. Alors un chœur d'anges chante le « Trois fois Saint » avec des accords si suaves, si célestes, qu'on se sent arraché à la terre et que l'âme s'envole, pour ainsi dire, vers le ciel, où elle monte avec la mélodie expirante. Enfin tous les chœurs réunis, les enfants, les femmes, les hommes et les anges font entendre en commun le *Gloria*, l'hymne de gloire final; la foule immense, composée de gens de toute langue, de tout pays et de toute nation. s'avance vers le trône de l'Agneau, et la Jérusalem céleste s'élève vers les splendeurs des cieux.

Un souvenir historique du premier ordre se trouve dans l'église de Massevaux : à quelques pas d'un autel latéral vous lisez sur une plaque de marbre :

« Ici repose le prince Masson; il mourut en 730, dans l'âge de l'innocence, en tombant fortuitement dans la Doller, un peu au-dessous de la ville de Massevaux. Son père, le prince Masson, frère de saint Attale, neveu de saint Odile, petit-neveu de saint Léger, fonda la maison abbatiale des nobles dames à Massevaux, et confia à ces vertueuses cénobites la

garde du corps de son fils, dont les restes, bien con-
servés dans un cercueil de plomb, ont été transportés
ici en 1842. »

Massevaux signifie donc vallée de Masson.

La ville de Massevaux, chef-lieu de canton, a quatre
mille habitants et possède beaucoup d'industries. Elle
est reliée par une route très accidentée à Rougemont-
le-Château, première commune française du territoire
de Belfort, et à proximité de Lachapelle, où il y a un
établissement célèbre.

Le *monsieur* de Strasbourg était un excellent mar-
cheur, et il proposa de revenir vers Wesserling par
les montagnes. Nous remontâmes donc la vallée en
voiture jusqu'au village de Rimbach, qui possède une
belle petite église et est situé au pied du Ruchberg.
Cette montagne est très escarpée, garnie de pâturages
brûlés du soleil, mais tout rouges de fraises en été
et enrichis de plantes rares. C'est une vaste paroi de
verdure qui clôt la vallée de Massevaux.

Nous voilà occupés à gravir le sentier. D'abord il
suit un clair ruisseau et longe les fraîches forêts de
sapins qui nous donnent leur ombre bienfaisante pendant les premières heures matinales, puis il monte en
spirale jusqu'aux hauteurs, que nous gravissons en
plein soleil. Çà et là un hêtre vieux de quelques siècles,
dur comme le métal et formant avec ses branches
noueuses une vaste rotonde, nous convie au repos.
Nous nous asseyons alors sur une pierre moussue ou
sur une des racines du vaste tronc ; nous n'avons qu'à
étendre la main pour cueillir les délicieuses fraises

des montagnes; la vallée est à nos pieds, et au fond
paissent les troupeaux de Rimbach, protégés par l'ombre que projette la montagne sur le profond vallôn
du Ruchberg. Mais les flancs de ce vallon sont si
escarpés, qu'on ne saurait sans danger franchir ce
sentier en hiver; seules les chèvres y montent à l'assaut. Parfois l'une d'elles s'arrête au milieu de l'ascension, hume l'air de la vallée, jette un coup d'œil
sur ce vaste cirque de montagnes, et, fière d'un domaine qui ne lui est pas disputé, reprend sa course
vers les cimes hautaines. Il y a quelques années, le
maire de la commune de Mitzach, accompagné d'un
ami, descendit ici pour se rendre à Massevaux. Malheureusement, quand les voyageurs arrivèrent en cet
endroit, leur passage détermina la chute d'une avalanche qui fit perdre pied au maire. Son compagnon
s'efforça de le saisir; mais tous les deux furent précipités sur la pente glacée avec une vitesse effroyable;
un cri perçant retentit, un sourd grondement se fit
entendre au fond du ravin, puis un silence de mort.

Une heure plus tard le compagnon du maire se
réveilla de son évanouissement; il essaya de se lever
et vit avec effroi que son ami, lancé au delà même
du ruisseau, ne donnait plus signe de vie.

Il rampa sur ses genoux jusqu'à la première cabane,
où l'on avait d'ailleurs entendu le cri de détresse. On
se mit à la recherche du maire, que l'on trouva la tête
fracassée; la mort avait été instantanée.

Quand nous avons atteint le haut du Ruchberg,
nous sommes sur un vaste gazon qui tapisse la crête

des Vosges sur un espace de plusieurs lieues. Ici débouche le sentier qui relie la vallée de Saint-Amarin à celle de Massevaux.

Permettez-moi d'abandonner un moment mon voyageur pour vous dire en passant comment j'ai franchi ce sentier pour la première fois.

Quittons Mollau. Nous suivons un vallon admirable, traversé par un chemin forestier qui longe tantôt un ruisseau, tontôt des prairies perdues dans les bois. Enfin nous pénétrons dans une des plus vieilles forêts de l'Alsace; là le sentier est escarpé, mais moelleux au pied, grâce au terreau formé par les aiguilles de sapin et les feuilles des hêtres. Si vous voulez voir le sommet des colosses qui vous ombragent, vos regards se perdent dans les voûtes formées par les cimes altières.

J'avais dépassé les dernières maisons de Mollau au déclin du jour. Quand j'approchai de la forêt il faisait nuit. Là, aux dernières prairies, je trouvai un jeune homme qui faisait descendre un troupeau. « Sauriez-vous, mon ami, lui dis-je, m'indiquer le chemin du Ruchberg? » Point de réponse. Je renouvelai ma demande en français, en allemand, en patois; je la variai sur tous les tons, mais toujours sans succès. Enfin l'étranger se mit à proférer des sons inarticulés : j'avais affaire à un sourd-muet. Je continuai néanmoins mon chemin à tout hasard: en prenant trop à droite, je risquais d'arriver aux affreux rochers du lac des Étoiles; en allant trop à gauche, je m'égarais dans les forêts de Mitzach. Je sondais la position du sentier avec ma canne et souvent avec les mains. Que de fois me heurtai-je à un tronc de hêtre ou de sapin! Cependant j'atteignis le Ruchberg vers dix heures. Là j'assistai au lever de la lune, et sa lumière éclaira mes sentiers jusqu'à Rimbach, où j'arrivai vers onze heures du soir.

Mais revenons à notre touriste. Nous avions franchi le gazon du Ruchberg vers deux heures du soir. Alors le savant me dit : « Demeurons encore quelques heures au milieu des rochers, des mousses et des fleurs; il m'est si rarement donné de voir la nature de près, que je ne puis m'en séparer. » Nous prîmes aussitôt la résolution de visiter le Rossberg.

En une demi-heure de marche on est au-dessus du chalet du Bellacker, qui abrite environ quarante vaches. Çà et là on rencontre un arbre frappé par la foudre, qui fait la terreur des montagnes. Ainsi, en 1876, un coup de foudre a tué six vaches au Rothenbach; en 1877, une vache et un cheval au chalet du Herrenberg; en 1880, au châlet du Furstmiss, pendant que le marcaire était penché sur le brasier où cuisait le lait, le terrible fluide, descendant par la cheminée, l'étendit mort à côté du foyer.

Nous quittons les pâturages du Bellacker pour revenir vers le versant de la vallée de Massevaux, et nous nous maintenons constamment à plus de mille mètres d'altitude. Bientôt un horizon nouveau, mille fois diversifié, s'offre à nos regards.

Devant nous se présente un immense dédale de hauts rochers à travers lesquels serpente notre étroit sentier. Les rayons du soleil n'atteignent pas tous les recoins de ce défilé, un des endroits les plus pittoresque des Vosges, un vrai site alpestre.

Voici un rocher dentelé, couleur d'ardoise; les injures du temps y ont tracé toute espèce de dessins; à sa base il forme une cavité assez profonde pour que plusieurs hommes y soient à l'abri au moment des pluies; mais toute la masse est suspendue sur votre tête et semble vouloir engloutir le passant. En voici un autre : il est couvert d'un gazon verdoyant comme une prairie de la vallée; on y monte sans crainte; mais subitement on se trouve face à face avec le précipice, et on voit à ses pieds de vastes champs de moraines parsemées d'innombrables sorbiers, d'érables et de noisetiers : nous sommes au milieu du fameux défilé du Falkenstein. Ce nom indique assez que jadis les aigles et les faucons habitaient ces cimes effrayantes.

Dans ces retraites les tours gothiques, les cimes dentelées, les cintres de verdure, les piliers moussus, rangés avec majesté autour du voyageur, semblent faire un acte d'adoration et l'y convier par leur éloquent silence.

Çà et là cependant une source jaillit d'une paroi étagée, véritable autel formé par la nature et orné d'herbes et de fleurs, et vous rappelle les paroles de l'Écriture : « Je vis une eau sortir du côté droit du temple. »

Enfin le sentier aboutit aux pâturages pierreux, mais très riches, du Sattel. Un rocher s'élève devant le chalet : nous sommes à mille quarante mètres d'altitude. Partout des pointes émoussées, perforant les pâturages, annoncent les blocs enfouis sous les gazons.

Ensuite nous montons longtemps pour approcher du sommet du Rossberg, flanqué de plusieurs chalets. Quand nous arrivons au point culminant, haut de onze cent quatre-vingt-seize mètres, il se fait déjà tard; l'atmosphère est si limpide, que notre horizon s'étend presque à l'infini; nous voyons toute la plaine d'Alsace jusqu'à Bâle, la chaîne des Vosges avec ses innombrables coupoles, le Jura avec ses teintes sombres, la forêt Noire, plus sombre encore, et, dans le lointain, les glaciers des Alpes qui se dessinent distinctement.

Après une halte au chalet du Haut-Rossberg, nous revenons vers le Bellacker, dont nous suivons les pâturages jusqu'aux forêts de Mitzach.

Pour descendre nous prenons un sentier très rapide, toujours sous la futaie. En moins d'une heure nous sommes au fond du vallon de Mitzach; aux premières prairies, nous atteignons un ruisseau qui sera notre compagnon jusqu'au village même, composé d'une longue rangée de maisons bâties au bord de la route.

Mitzach s'occupe beaucoup de l'élève du bétail; c'est un des premiers villages de la vallée de Saint-Amarin, et renommé pour ses vergers.

A Wesserling je pris congé de mon savant, qui me remit sa carte avec vingt-cinq francs, et m'invita à venir le voir à Strasbourg. Ce voyage m'a laissé le souvenir le plus agréable.

L A

RÉCOMPENSE DU TRAVAIL

LA

RÉCOMPENSE DU TRAVAIL

J'étais parvenu, à force de labeurs et de privations, à faire jouir ma famille d'une aisance relative; j'avais payé ma maison; j'avais acheté et payé deux prés situés à la montagne. L'un de ces prés, de quarante ares, était réputé très mauvais; il était aride, couvert de mousses; un terrain complètement inculte y était attenant, et descendait presque à pic jusqu'au torrent de l'Altenberg. Tous ceux qui avaient peur du travail me blâmèrent. « Vous faites une folie, me disait-on; c'est de l'argent jeté par la fenêtre; jamais vous ne pourriez rien retirer de ce pré, et d'ailleurs le sentier rocailleux et escarpé qui y conduit est presque inaccessible. » Je répondais : « Mieux vaut ce bien que rien. » Somme toute, je préférais acheter des terrains pareils : ils se vendent à bas prix, et à force de soins on peut les améliorer.

Je commençai par arracher les pierres dont le gazon était hérissé, et je les précipitai dans le torrent. Je démolis ensuite les innombrables petites buttes qui couvraient ma propriété, afin d'aplanir la surface et de répandre plus facilement les engrais. A une centaine de pas se trouvait un petit ruisseau qui se perdait inutilement dans le torrent voisin, et pouvait m'être d'un grand secours. Je sus, par un fossé profond, l'amener sur mon pré et le faire ramifier partout au moyen de petits canaux et de rigoles qui firent naître la verdure et la fécondité. J'avais aussi amélioré l'étroit sentier qui conduisait à mon petit bien en taillant des escaliers dans les rochers. Pour me débarrasser des mousses, je fis délayer des engrais dans l'eau et les répandis partout en les mélangeant avec des cendres. Bref, j'obtins ainsi une des meilleures prairies du pays, et maintenant encore l'étranger peut en admirer la verdure foncée, qui contraste avec les moraines environnantes. Plus de mousses; vous n'y trouvez que de bonnes herbes, le mélilot, la lupuline, et aux endroits un peu secs l'arnica, que je permets à la sœur infirmière de cueillir pour guérir les blessures.

Le terrain escarpé, privé de soleil, qui descend vers le torrent, fut peu à peu converti en forêt. Rien ne supplée à la lumière, et quand les rayons du soleil font défaut on ne peut obtenir que des herbes chétives. Par contre, les arbres, eux qui s'élèvent vers le ciel, où ils trouvent ces rayons bienfaisants, viennent

partout. Je plantai donc du bouleau aux endroits très
rocailleux, des frênes aux endroits humides, des sapins, des érables ailleurs, et, tout en haut, des mélèzes dont les aiguilles serviraient à engraisser la
lisière de la prairie et à former un bon terreau ; ces
diverses essences prospérèrent d'ailleurs très bien, et
le bois déjà retiré de ma petite forêt vaut au moins
le double de ce que j'ai dépensé à l'achat du pré.

J'employais à ces travaux les heures de la nuit. Je
piochais, je plantais, je nivelais pendant que la lune
m'éclairait de sa douce lumière.

De son côté, ma femme ne restait pas oisive : malgré
sa nombreuse famille, elle courait aux champs que
j'avais défrichés sur le domaine communal, ou bien
elle s'en allait avant le jour dans les forêts pour y
cueillir des herbes, dont elle faisait ample provision.
Elle revenait déjà avec de lourdes charges, lorsque
les autres femmes commençaient à peine le travail de
la journée. L'hiver suivant, nous eûmes deux vaches,
dont l'une, faute de place, fut logée chez un honnête
voisin.

La même année, j'achetai à bas prix une terre
inculte : j'eus une vingtaine d'ares pour cinquante
francs. Ce n'étaient que broussailles et immenses tas
de pierres, restes d'une moraine. Personne ne s'en
était jamais occupé ; le propriétaire lui-même n'en
connaissait pas exactement les limites du côté où elle
touchait à la forêt. L'autorité communale fut obligée
d'en fixer les bornes. Bien des gens me traitèrent
d'insensé ; mais, quand on vit la belle partie de forêt

qui devait me revenir, quand on remarqua qu'un seul
hêtre me donnait jusqu'à cinq stères de bois, les envieux ne purent cacher leur dépit : « Il a toujours de
la chance, disaient les uns. — Parce qu'il ne craint
pas les fatigues et est toujours actif et laborieux, »
répondaient les honnêtes gens.

D'abord il fallait couper les broussailles et extirper
les mauvaises herbes : lorsque l'homme n'arrose pas
la terre de ses sueurs, elle ne lui produit, suivant la
parole de l'Écriture, que des ronces et des épines.
Quand le terrain fut ainsi découvert, je vis seulement
l'étendue de la tâche que j'allais entreprendre. Ma
propriété était couverte de plusieurs centaines de
voitures de pierres qu'il faudrait d'abord enlever.
Trouverait-on ensuite une terre arable? Je l'espérais,
en raison même de l'inclinaison du terrain. Sans
doute celui-ci avait recueilli pendant des siècles les
moraines mouvantes que rien n'avait arrêtées dans
leur marche; mais au-dessous je comptais arriver au
sol productif.

Heureusement mes enfants pouvaient m'aider dans
ma tâche aride. La brouette ne nous étant d'aucun
secours, nous fabriquâmes des caisses en bois munies
d'anses, qui devaient servir à emporter les petites
pierres; les grosses seraient employées à la construction d'une muraille à la lisière de la forêt.

Avec quel plaisir nous vîmes paraître, après bien
des labeurs, notre futur champ! C'était une terre noire
et meuble, et qui ne demandait qu'à produire. Quand
elle fut tout à fait débarrassée, nous la défrichâmes

à un mètre de profondeur pour l'assainir et l'aérer. Ensuite j'y fis transporter de l'engrais et semer du trèfle. La récolte fut abondante, comme elle l'a toujours été depuis.

Ce fut là notre premier champ, car je ne compte point comme nôtres ceux que nous défrichions avec autorisation sur le terrain communal. Ceux-ci ne sont point la propriété des particuliers, mais seulement affermés moyennant une petite redevance.

Jamais je ne passe auprès de cette terre, fruit de mes sueurs, sans me rappeler avec émotion ces heureux moments où la force de mes bras et la vigueur de la jeunesse me permettaient, pour ainsi dire, de faire de semblables prodiges. Mes yeux y cherchent aussi, mais en vain, ma pauvre femme : je la vois encore plantant nos légumes, cueillant des fleurs, arrosant notre petit jardin. Hélas ! une autre terre, mille fois sacrée...

Ainsi nous étions à l'abri de la misère, grâce au secours de Dieu, au travail de nos mains et, il faut le dire, à l'appui des honnêtes gens. Aussi, quand mon sixième enfant naquit, il fut joyeusement accueilli, comme tous ceux qui l'avaient précédé. « Voilà, disions-nous sans crainte pour l'avenir, une abeille de plus dans la ruche ! » Ses aînés suivaient encore les cours de l'école primaire, où avec l'instruction suffisante ils apprenaient aussi à aimer et servir Dieu, à honorer et aider leurs parents, et à demeurer toujours de solides chrétiens et de bons Français.

AU VIGNOBLE ALSACIEN

Dans l'automne de l'année 1843 je repris le commerce de bonbonnes et de bouteilles. Cette fois je me dirigeai vers la vallée de Soultzmatt, que je parcourus sans beaucoup de succès ; des porteurs de la Franche-Comté m'y avaient précédé. Je quittai donc ce pays pour aller par les forêts vers Rouffach.

C'est un bourg d'environ quatre mille habitants, magnifiquement situé dans un des vignobles les plus riches de l'Alsace. Adossé aux Vosges, établi aux confins de la riche plaine qui s'étend entre les montagnes et le Rhin, dominé par un établissement d'instruction fièrement assis sur les collines chargées de vignes, Rouffach est un de ces lieux dont le souvenir reste gravé dans l'esprit. C'est une des stations les plus importantes de la ligne de Bâle à Strasbourg. Son église est aussi remarquable par son architecture que par les richesses qu'elle renferme. C'est une des merveilles de l'Alsace.

Rouffach a vu naître, entre autres hommes célèbres, François-Joseph Lefebvre, qui s'engageait à dix-huit ans dans les gardes-françaises et devint général de division, puis sénateur et maréchal de l'empire en 1804. On sait avec quelle vaillance il se distingua aux batailles d'Iéna en Prusse, d'Eylau en Russie, d'Espinosa en Espagne, d'Eckmühl et de Wagram en Allemagne et en Autriche. A la prise de Dantzick il obtint le titre de duc. Aux mauvais jours de l'invasion, il combattit les alliés à Montmirail, à Champ-Aubert, à Arcis-sur-Aube. Napoléon, qui l'estimait beaucoup, le nomma pair en 1815. Il mourut à Paris en 1820.

Je vendis dans les environs de Rouffach toute ma charge de bouteilles; puis je me dirigeai vers les communes de Hattstatt et de Gueberschwihr.

Quand la vigne donne un rendement satisfaisant, ce pays est une vraie mine d'or. Je visitai les riches vignerons et recueillis quantité de commandes. A Gueberschwihr, si renommé par ses bons vins blancs, je fis un arrêt de quelques heures pour aller à l'église du Schauenberg, dont les blanches murailles s'aperçoivent de tous les points de la plaine d'Alsace. Montez à travers les vignes ployant sous le poids des raisins muscats; un air plus frais vous annonce que vous avez quitté la région des collines. Une vaste forêt de châtaigniers vous reçoit sous son ombrage, et vous continuez de suivre des chemins creux au milieu du concert des oiseaux. Après une petite heure de marche, vous aboutissez à une plate-forme où s'élèvent l'église du Schauenberg et les bâtiments attenants.

Ce lieu, fréquenté par les pieux pèlerins, est bien

Château d'Eguisheim.

propre à élever l'âme vers Dieu et à faire passer une heure délicieuse de contemplation. Les rochers moussus sont à vos côtés, et protègent en partie le sanctuaire dédié à Notre-Dame de Bon-Secours; au-dessous de vous s'étendent à perte de vue les vignes qui descendent en amphithéâtre vers la plaine; enfin

la plaine elle-même, qui, à l'égal de nos montagnes,
donne ses trésors à notre belle Alsace, se déroule à
vos yeux avec ses centaines de villages, ses bourgs
et ses villes riches et propres, sa vie et ses mille
couleurs. Le Rhin limite ce pays, ou plutôt ce vaste
jardin ; à sa rive gauche s'élèvent, très visibles d'ici,
les rochers grisâtres du Vieux-Brisach, et au delà
les nombreux sommets de la forêt Noire.

En descendant je me dirigeai vers Eguisheim. De ce
côté on est sûr de trouver à chaque demi-lieue un
bourg de deux à trois mille âmes encadré de vignes.
Aussi pourrait-on définir les Vosges une chaîne de
montagnes dont la crête est un gazon fleuri, les flancs
de majestueuses forêts, les vallées des parcs magnifiques, et le pied une treille.

L'antique cité d'Eguisheim était déjà célèbre il y a
dix siècles ; c'est la patrie du pape saint Léon IX. Les
rues y sont propres, les maisons élégantes, et des
sources versent sur la place publique leurs eaux abondantes dans des bassins de grès rouge. Sur l'un d'eux
s'élève la statue de saint Léon.

On voit toujours se dresser fièrement les ruines des
trois châteaux d'Eguisheim, dont les trois donjons
s'élèvent encore aujourd'hui à plus de quarante pieds
de hauteur. Je visitai ces vastes ruines enfouies sous
le lierre, les mousses et les arbustes : elles couvrent
toute la surface de la montagne. Elles ont vu les
siècles des tournois et des troubadours, et l'étranger
ne passe point en Alsace sans leur adresser un salut
plein de respect et d'admiration.

En ce manoir habitait, au xi° siècle, le comte
d'Eguisheim, qui gouvernait une grande partie de la
haute Alsace. La tradition rapporte qu'un jour une
bohémienne vint au château, demandant à lui être
présentée. A force d'instances, elle parvint à se faire
introduire, et dit au comte : « Noble seigneur, votre
puissance s'étend au loin, et personne ne peut vous
être comparé ; mais votre fils, encore enfant, sera plus
grand que vous ; un jour même vous baiserez la poussière de ses pieds. » Ensuite elle s'éloigna, laissant
le comte plongé dans de sombres réflexions

Comment, se disait-il, pourrais-je être réduit à
baiser la poussière des pieds de mon fils ? Jamais je ne
subirai cette humiliation. Obsédé pendant plusieurs
jours de noires pensées, possédé par le démon de la
jalousie, il prit le parti de faire tuer son fils unique,
qu'il avait tant aimé jusque-là. Il fit appeler un de ses
gardes-chasse et lui dit : « Prends mon enfant, em-
mène-le à la forêt, et tue-le ; et pour preuve que tu
auras fidèlement exécuté mes ordres, tu m'apporteras
ses yeux sur un plat. Malheur à toi si tu n'accomplis
pas strictement mes volontés ! »

Le pauvre chasseur, atterré d'un ordre pareil, em-
mena l'enfant, qui n'avait que trois ans. Quand le
serviteur eut atteint les hautes forêts, et qu'il fut seul
en face de Dieu et de sa conscience, il n'eut point le
courage de tuer l'enfant, mais l'abandonna à son sort.
Il sera dévoré par une bête féroce, se disait-il, ou bien
il périra de faim. Pour être à couvert vis-à-vis de son
seigneur, il lui présenta les yeux d'un petit chien qu'il

avait mis à mort; le comte, sans lever les yeux, lui dit froidement : « C'est bien ! »

Mais, à partir de ce moment, ce cruel seigneur n'eut plus de repos, et passa toute sa vie au milieu des tortures de sa conscience. Quand les cheveux blancs d'une précoce vieillesse vinrent à leur tour lui adresser un muet avertissement, il confessa son crime à un prêtre; celui-ci lui conseilla d'aller à Rome se faire absoudre par le pape lui-même et d'y réconcilier son âme avec Dieu. Le comte aussitôt mit l'habit de pèlerin et s'en alla vers la ville éternelle, jeûnant en route, et distribuant une grande partie de ses biens aux pauvres.

Arrivé à Rome, il demanda une audience au saint-père, qui la lui accorda immédiatement. « Je viens, lui dit-il, avouer un crime pour lequel il n'y a point de miséricorde. — Ne dites pas cela, mon fils, répondit doucement le pape; Dieu est mort pour tous les pécheurs sans exception. » Puis il lui dit des paroles si brûlantes de charité, que le comte fit, en versant des torrents de larmes, l'aveu de son crime. Le saint-père, voyant son repentir, se contenta de le consoler. « Rien n'est impossible à Dieu, lui dit-il; sa miséricorde est infinie. Réjouissez-vous : votre fils n'est pas mort; le chasseur n'a pas exécuté vos ordres, et les pleurs de l'enfant mourant de faim dans les bois ont été entendus par un pieux ermite qui recueillit le pauvre orphelin, l'instruisit dans la crainte de Dieu ainsi que dans toutes les connaissances profanes, et l'envoya ensuite à l'abbaye de Murbach, où il devint prêtre.

Plus tard il fut chargé d'une mission en Italie, devint évêque, et enfin il plut à Dieu de l'appeler au siège de saint Pierre, car cet enfant, c'est moi votre fils, le faible instrument des volontés de Dieu ! »

Alors le comte, terrassé par cette étonnante et merveilleuse nouvelle, tomba aux pieds du saint-père et les couvrit de ses baisers. Le pape mêla ses larmes de joie à celles de son père, et le serra avec effusion dans ses bras. La bohémienne avait dit vrai : le comte avait baisé la poussière des pieds de son fils.

Je fis, cet automne-là, une dizaine de voyages au vignoble. Dans une de ces courses, arrivé au hameau du Mittlach, situé au fond de la vallée de Munster, j'entrai dans une cabane solitaire élevée sur les flancs de la montagne. J'y trouvai une vieille femme assise devant une lampe fumeuse. Le temps était mauvais; le vent mugissait dans les sapins, et les gouttes de pluie étaient fouettées contre les vitres rondes de l'unique fenêtre qui éclairait ce pauvre réduit. Comme j'aurais été heureux de pouvoir passer la nuit sous un toit hospitalier ! Je revenais de Turckheim, et pour rentrer chez moi j'avais à faire trois lieues dans les hautes montagnes et par une nuit affreuse. Mais je savais que ma femme et mes enfants m'attendaient, et qu'ils seraient dans l'anxiété la plus vive s'ils ne me voyaient rentrer; de plus, le lendemain je devais peut-être aller à Gérardmer. Il n'est pas juste, me disais-je, de faire souffrir pour mon seul avantage plusieurs personnes, et je dois sacrifier mon intérêt propre devant un intérêt plus grand.

Je demandai donc simplement à la vieille femme de
rester sous son toit jusqu'à ce que la bourrasque fût
un peu apaisée. « Demeurez, je vous en supplie, dit-
elle, toute la nuit, car vous péririez en traversant la
montagne si tard, par ce temps sinistre, et je croirais
être cause de votre mort. »

Aussitôt la brave femme m'apprêta une bonne soupe,
et me fit boire un verre de vin qu'elle ne consentit pas
à faire payer. Je la comprenais avec peine ; c'est pourquoi elle me dit : « Vous comprenez par mon accent
que je suis née dans un autre pays ; mais c'est ici que
je serai enterrée. L'histoire de ma vie est bien triste ;
je vais vous dire comment je suis venue dans ces
montagnes.

« Je suis née en Wurtemberg d'une famille aisée.
Ma mère était pour moi sévère jusqu'à la cruauté, et
punissait rigoureusement mes moindres fautes. Son
intention était peut-être louable : elle voulait plier
de bonne heure mon caractère à l'obéissance, et certainement il y avait sous cette écorce rude un cœur
aimant ; malheureusement sa façon d'agir envers moi
attira sur nous tous d'irrémédiables désastres.

« Un jour, craignant d'être battue pour une faute
légère que je venais de commettre, je m'écartai plus
que d'habitude de la maison paternelle. Tout à coup
je fus saisie par un homme à la barbe noire, à la
figure bronzée, aux yeux étincelants. Il me bâillonna
au moyen d'un chiffon, et m'emporta avec l'agilité
d'un chat vers une forêt. Là, au milieu d'un chemin
presque impraticable, stationnait une voiture de

bohémiens. Je fus remise à la bande et ne revis plus jamais la maison paternelle.

« Les gens avec qui je me trouvais étaient des saltimbanques. Je devais être dressée à grimper aux cordes et à faire des tours de gymnastique. Ils ne me maltraitèrent point ; et, me souvenant de la sévérité de ma mère, je les suivis d'assez bonne grâce à travers une foule de pays. J'avais alors quatre ans. Mais, quand on voulut faire mon éducation, quand on me fit craquer tous les os, je poussai de hauts cris ; finalement le chef de la troupe déclara que jamais je ne deviendrais habile, que j'avais le squelette trop développé, et que je serais vendue. Aussi, quand nous arrivâmes à ces montagnes, on me céda à une fermière, qui fut pour moi une seconde mère, mais qui essaya vainement de trouver une trace quelconque de mon origine.

« Que devint pendant ce temps ma pauvre mère? Les voisins avaient souvent remarqué qu'elle me battait ; ils conçurent de graves soupçons à son égard ; la justice bientôt s'en mêla, et ma mère fut accusée de m'avoir tuée. Elle eut beau protester de son innocence ; elle fut condamnée, en l'absence de preuves complètes, à vingt ans de travaux forcés. Cinq ans elle porta le poids de ses malheurs, et mourut avec la livrée du forçat. Mon père était mort de chagrin trois mois après ma disparition.

« L'homme qui m'avait volée n'était pas un vrai bohémien. Il advint plus tard que, dans un voyage à la vallée de Munster, la bande dont il faisait partie l'abandonna à Metzeral pour cause de maladie. Là, en face de la mort, il dévoila le secret de ma naissance. J'avais alors vingt-cinq ans; je me mariai peu de temps après à un honnête fermier qui m'a laissé cette cabane; je suis veuve depuis trente ans et n'ai pas eu d'enfants : il semble que Dieu n'ait pas voulu perpétuer ma famille sur cette terre. Je recouvrai encore, grâce aux tribunaux, une partie de mon patrimoine; mais je n'eus jamais le courage de revoir mon pays, si plein pour moi de tristes souvenirs. »

Vers dix heures du soir je quittai la cabane. Les nuages couvraient le ciel, et par intervalles une ondée venait des flancs noirs de la montagne se déverser sur le fond de la vallée. Je passai heureusement la forêt qui aboutit aux pâturages du Leibelthal. Quand j'approchai du chalet, il était onze heures. Une lumière y brillait encore, et j'entendis à une bonne distance le marcaire Théobald qui faisait avec une grande ferveur sa prière du soir. Il était à genoux au pied de son lit de mousse. Ce lit était une espèce de châssis en bois perforé d'un trou rond, assez large pour livrer passage au corps; les rochers de la montagne, sur lesquels s'appuyait la toiture du chalet, le dominaient et lui donnaient l'air d'un sépulcre. Le vent faisait gémir toutes les jointures de la cabane.

Dès que le marcaire m'entendit, il s'interrompit un moment et vint me serrer la main. « Restez ici, me dit-il; nous aurons un temps affreux. Joseph, vous risquez de périr; si un coup de vent vous précipitait de l'étroit sentier!...— Non, Théobald, lui répondis-je,

L'orage dans la montagne

on m'attend chez moi ; et puis j'ai vu bien d'autres orages. — Alors acceptez au moins quelque chose pour vous réchauffer, » repartit le bon marcaire ; et il me versa un petit verre de genièvre. Puis je le quittai. Longtemps il écouta le bruit de mes pas et ne cessait de crier : « Dieu vous garde, Joseph ! vous feriez mieux de revenir. »

Mais déjà je disparaissais au détour du sentier, et j'abordais l'endroit périlleux des Staffeln. Ce passage est difficile en plein jour et par un beau temps ; combien plus ne l'était-il pas pendant la nuit et la tempête ! Au-dessus de ma tête le vent mugissait dans les rochers ; les antres de la montagne répétaient des bruits sinistres ; parfois on croyait entendre des cris de détresse, et souvent comme un rire sardonique. Quelquefois un roulement sourd et profond se produisait, et je me disais : Encore un bloc arraché de ses fondements et précipité vers le chalet du marcaire Théobald ! Dieu nous soit en aide !

Cependant jusque-là tout allait assez bien ; mais, quand j'approchai de la crête, il y eut des instants où le vent me soulevait et menaçait de m'emporter. Vers le haut du passage, je fus précipité loin du sentier ; je fis deux, trois tours sur moi-même, et j'allais rouler au fond des précipices, si je n'avais eu la pensée d'enfoncer les ongles dans les mousses et les buissons de myrtilles : je pus alors me hisser vers le sentier. Mes mains étaient toutes meurtries, et malheureusement j'avais perdu ma canne en tombant.

Depuis cet endroit jusqu'au gazon du Rothenbach,

je rampai sur les mains au milieu des ténèbres, des vents déchaînés et des torrents de pluie. Quand j'eus dépassé la crête pour descendre vers le chalet du Rothenbach, j'entendis les cris de : « Halloh ! halloh ! » que poussait le domestique Franz Lysi pour rappeler des bestiaux égarés dans la tourmente. Je m'orientai le mieux possible, et longtemps après minuit j'atteignis le chalet du Rothenbach. J'étais à demi mort de fatigue, et ne pouvais trouver de paroles pour m'exprimer : le marcaire s'empressa de me ranimer. A peine eus-je pris quelque repos que je me remis en route. Je n'étais pas encore sauvé ; car, dans les forêts du Rothenbach, le vent déracinait à chaque instant des arbres qui s'abattaient avec fracas non loin de moi. Enfin, vers trois heures du matin, j'arrivai chez moi. Ma chère Marie-Anne veillait encore, et je la surpris à genoux avec les enfants, priant pour mon retour. Pendant quelques instants nous pleurâmes d'attendrissement ; car un moment nous avions craint de ne plus nous revoir.

A six heures du matin je partis pour Gérardmer.

UN PROCÈS

UN PROCÈS

Depuis longtemps j'avais résolu de rebâtir notre vieille maison et de l'agrandir, car ma nombreuse famille ne pouvait plus demeurer ainsi à l'étroit. J'étais arrivé à former un petit fonds de réserve, fort insuffisant, il est vrai; mais je comptais sur l'aide d'un certain nombre d'hommes dévoués, peu riches sans doûte, qui cependant me viendraient en aide selon leurs moyens.

Dès que l'été fut venu, je commençai les travaux. Mes enfants et moi nous descendions au clair de lune les pierres et le sable de la montagne; le père Dollander, de Bitschwillèr, qui me connaissait et m'estimait, je puis le dire, me fournit les tuiles et les briques à crédit. C'était un homme rigoureusement juste et droit. « Sois tranquille, petit homme, me disait-il, je vais te fournir la meilleure marchandise que je possède ; ne t'inquiète pas du payement; nous réglerons cela plus tard. »

. L'adjoint Burey m'avança de l'argent ; Michel Hug me fournit le vin, les articles d'épicerie et de boulangerie. Mais ce furent surtout mes bons amis de la Bresse qui me devinrent utiles : Jean-Jacques Claude m'ouvrit un crédit illimité pour l'approvisionnement du bois de construction; Prosper Pierrel, quincaillier et marchand de comestibles; Jean-Nicolas Perrin, sabotier; Jean-Paul, marchand de viande ; Roussel, marchand de vin; Remy, Perrin, Pierrat, Géhin, etc., m'aidèrent généreusement, soit en me fournissant à crédit les denrées qu'ils vendaient, soit en m'aidant à la construction de ma maison. Beaucoup d'entre eux, qui ont été mes bienfaiteurs, ne vivent plus, mais je garde leur souvenir dans mon cœur, et sans doute Dieu les aura récompensés. C'est pourquoi j'ai la plus grande estime pour ces bons habitants de la Bresse, qui jamais ne se montrent égoïstes vis-à-vis de l'étranger; humains, hospitaliers, actifs au travail et intelligents, ils se font remarquer entre tous les autres.

Parmi les noms que j'ai cités, deux devinrent illustres : Remy et Géhin exerçaient entre autres métiers celui de pêcheurs. Souvent ils passaient des nuits entières à observer au clair de lune les mœurs de la truite, et c'est à eux que l'on doit la multiplication artificielle des poissons, si riche en résultats. L'établissement de Huningue seul verse annuellement des milliers de petits poissons dans nos fleuves et dans nos rivières. Quand les deux pêcheurs eurent éprouvé leur procédé, ils furent appelés à Paris pour fournir des éclaircissements au gouvernement. Remy obtint un bureau de tabac à Saint-Amarin, et Géhin une pension de mille francs.

Mais revenons à nos travaux. Ma maison s'éleva rapidement, et avant la fin de la belle saison nous pûmes l'habiter. Que nous étions contents de ne plus manquer ni d'air ni de lumière, et de pouvoir loger facilement trois vaches laitières ! Un événement bien funeste vint, hélas ! assombrir notre horizon pendant plus d'une année.

Notre petite propriété, que nous avions pourtant si durement gagnée, nous avait valu quantité d'envieux. On n'eut point honte de recourir à la calomnie pour nous discréditer. Mes enfants étaient persécutés : on se moquait d'eux à cause de leurs habits modestes et simples ; on me traitait d'avare, et cependant les pauvres voyageurs que je logeais, que je nourrissais ou que je réchauffais souvent à mon foyer, eussent prononcé un jugement bien différent sur moi. Les insinuations les plus malveillantes furent lancées dans le public : on essaya de m'arracher la sympathie des honnêtes gens et de mes protecteurs ; aussi avais-je le cœur navré lorsqu'un homme honorable, qui auparavant me saluait avec empressement, se montrait pour moi d'une froideur glaciale. J'avais beau chercher, je ne pouvais trouver le motif de ce changement à mon égard.

J'avais un voisin dont la demeure était attenante à la mienne. Ma maison fut élevée de plusieurs mètres au-dessus de sa toiture. J'eus bien soin de ne lui causer aucun préjudice, et de l'indemniser largement pour les moindres dégâts.

Mon voisin était un homme bien pacifique d'ailleurs ; mais on l'excita tellement contre moi au village, qu'il n'était plus le même à mon égard ; les enfants épousèrent les griefs des parents, et à tout moment ma femme eut à intervenir pour empêcher des rixes. Souvent aussi je trouvais du bois ou d'autres matériaux déposés à dessein sur ma propriété. Je ne pouvais empêcher ces choses, puisque nos portes d'entrée, situées d'un même côté, donnaient sur la rue. A la fin cette situation devint intolérable, et je résolus de construire un mur mitoyen qui isolerait les deux familles, puisque, hélas ! nous ne devions plus être amis. Le mur fut construit uniquement sur ma propriété, et je le raffermis à son extrémité par un solide pilier en chêne qui devait supporter en partie la toiture de la maison.

Mais la première nuit où ces dispositions furent prises, un bruit formidable qui fit trembler toute la maison vint nous réveiller ou plutôt nous terrifier ; c'était le voisin et ses fils qui reculaient le pilier à grands coups de massue, au risque de faire écrouler le mur où d'ébranler toute la toiture de la maison. Le danger était grave ; je me hâtai d'intervenir et de faire cesser cette opération.

Huit jours après je reçus une citation à comparaître en justice. Un coup de foudre ne m'eût pas bouleversé autant que cette nouvelle désolante. Recourir à la

justice, avoir un procès, moi qui estimais toujours la
concorde le plus grand bien de l'humanité! J'aurais
donc à paraître devant le juge comme un vil criminel;
je serais là sur la sellette, exposé aux regards d'un
public impitoyable; j'aurais la honte au front et le
trouble dans l'âme; je serais obligé de donner un tel
scandale à mes propres enfants, de démériter aux yeux
des honnêtes gens, d'être la risée de mes ennemis,
de négliger mon travail pour courir à des audiences, de
perdre le fruit de mes sueurs pour payer des frais de
procès, et de récolter pour prix de tant de souffrances
et de sacrifices la haine d'un voisin! Quel malheur!
Peut-être deviendrais-je déréglé dans la suite, et
aurais-je recours à l'influence de la boisson pour
oublier les angoisses qui me déchiraient; peut-être,
après avoir été un exemple de probité et de travail,
périrais-je dans l'infamie! Telles étaient les tristes
réflexions qui se pressaient dans mon esprit: je rends
mille fois grâces à Dieu de m'avoir préservé de l'abîme
dans lequel j'étais près de tomber.

J'essayai de m'arranger à l'amiable avec mon voisin: il ne daigna pas m'entendre, car mes ennemis
le sommaient d'avancer sur le terrain des poursuites
judiciaires.

Quand certains de mes créanciers eurent connaissance de notre dissentiment, redoutant pour ma sol-
vabilité les suites du procès, ils commencèrent à me
faire des remontrances. Ma pauvre femme ne cessait
de pleurer; quant à moi, je m'abîmais dans les plus
tristes réflexions.

Cependant le jour tant redouté arriva. Quand j'entrai dans la salle d'audience, quand je vis tous les yeux braqués sur moi, la tête me tourna, une sueur froide couvrit tout mon corps; mes genoux tremblèrent et je pus à peine demeurer debout. Vint enfin notre cause : mon voisin s'expliqua avec beaucoup de verve, et derrière moi j'entendais un murmure approbateur. Pour moi, je me disais : Joseph, ta cause est juste; mais elle est mille fois perdue !

Mon tour vint de parler. Je bégayai quelques phrases; mais il me fut impossible de m'expliquer clairement. Le juge, homme très digne, savait toujours à propos réprimander, expliquer, éclairer, encourager, menacer ou persuader; mon trouble ne le choqua pas, et dans ses yeux je pus lire un éclair de sympathie suscité peut-être par ma pauvre mine. « Une descente sur les lieux est nécessaire, dit-il; mais d'abord il faudra faire relever, par un arpenteur accrédité, le plan de vos propriétés respectives. »

Quelques jours plus tard la justice se transporta à notre domicile. Il fut démontré que le pilier et le mur mitoyen non seulement se trouvaient sur ma propriété, mais que j'aurais eu le droit d'avancer de vingt centimètres en plus. Le pauvre voisin fut condamné pour ce fait aux dépens : quant aux dommages-intérêts, je n'en voulus pas recevoir.

Malheureusement les frais du procès montaient à trois cents francs environ, et mon voisin, qui était très pauvre, était chargé encore d'une nombreuse famille. Je résolus donc une démarche généreuse auprès de lui : j'allai le trouver un soir. Il était sombre et morose; il s'attendait sans doute à des récriminations de ma part, et songeait probablement aussi aux frais pour lesquels il serait peut-être expulsé de sa vieille demeure. « Je viens, lui dis-je, vous proposer d'oublier nos dissensions; redevenez le bon voisin d'autrefois, et, quant à moi, je me charge des frais du procès. Vous me permettrez de tout solder, et dorénavant soyons amis. »

Et lui, très ému, me serra la main en disant : « J'ai eu tort; les mauvaises langues m'ont poussé à cela, et je n'aurais point dû les écouter. Pardonnez-moi mes injustices ; vous êtes certainement un homme d'honneur. »

Ce qui acheva de dessiller les yeux de ce malheureux, ce fut le jugement même de ces gens sans caractère qui étaient cause de nos chagrins. « Je te l'avais bien prédit, tu avais tort; disait l'un. — Les procès ne rapportent jamais rien, disaient les autres. — Tu t'es engagé dans cette mauvaise affaire sans réflexion, murmuraient ceux qui avaient le plus poussé à la lutte. — C'est bien à toi d'aller en justice, toi qui ne possèdes pas le sou, » disaient quelques autres, oubliant le langage qu'ils lui avaient tenu jadis : « Il faut donner une leçon à ce gueux-là : si tu perds le procès, nous en payerons les frais. »

Maintes fois je pris moi-même la défense du pauvre voisin. Bref, je soldai les frais de la procédure, et certes je trouve que je n'ai pas payé trop cher quarante ans de paix dont j'ai joui depuis ce temps-là.

Dans l'espace de quelques années ma maison fut
payée, et je continuai d'acheter, quand l'occasion s'en
présentait, un coin de pré ou de champ. Les mauvais
jours, me disais-je, arriveront peut-être plus tard; et
alors non seulement nous ne pourrons plus faire
d'économies, mais il faudra porter la main sur le fruit
de notre travail; du reste, sans faire entrer en compte
ces éventualités, il n'est pas permis de rester station-
naire; car il en est des familles comme des nations:
quiconque n'avance pas recule !

COURSE AUX LACS

COURSE AUX LACS

Dans le courant de l'été de 1844 je servis de guide à un Colmarien et à deux Strasbourgeois; ils se proposaient d'aller par les montagnes vers la vallée d'Orbey. Jamais je n'avais fait cette excursion, mais je me fiai à mon instinct de montagnard et nous partîmes.

J'avais à porter nos provisions, et de plus quelques bagages. Pour les premières heures de marche on suit les sentiers qui mènent à la Schlucht. Depuis là, on se dirige vers la ferme du Thanet, dernier relais qui me fût connu, puisqu'on y passe pour aller à Fraize par le Valtin et Plainfaing.

Arrivés à la ferme du Thanet, nous nous arrêtâmes un moment; en partant j'y laissai à dessein ma canne. Mais, après deux minutes de marche, j'avertis ces messieurs que j'avais à retourner à la ferme pour y chercher ma canne. Grâce à cette ruse innocente, je pus causer seul avec le fermier, et apprendre de lui tous les détails indispensables qui concernaient notre itinéraire jusqu'aux lacs et à la vallée d'Orbey.

Revenu auprès de mes touristes, je les conduisis au sommet du Thanet, que nous avions sous la main. C'est un des points culminants de la chaîne des Vosges; il a douze cent quatre-vingt-seize mètres d'altitude. Par sa forme et sa constitution géologique il rappelle le Hohneck. A son sommet on remarque des blocs granitiques superposés; ils forment une muraille naturelle, qu'on dirait élevée de main d'homme. Est-ce un monument de la vénérable antiquité, ou une pierre tumulaire élevée en mémoire d'un grand événement, ou un haut observatoire niché dans les airs? Que les récits de ces blocs grisâtres seraient intéressants et instructifs, si le don de la parole et du sentiment pouvait leur être communiqué!

Vers la petite vallée de Munster la montagne descend à pic, et forme, comme le Hohneck, un vaste cirque de rochers étagés jusque dans les profondeurs boisées. Là-bas, bien au-dessous des ravins, s'étendent les vallées fleuries; là vivent les hommes avec leurs espérances, leurs illusions et leurs préoccupations; mais ici l'on se sent transformé; il semble que le calme des hautes régions ait pénétré dans votre âme et en ait expulsé toutes les passions, sauf celle de la nature. Étendu sur un lit de mousse, vous suivez du regard, dans le ciel d'azur, le vol hardi de l'alouette; mais, quand vos yeux s'arrêtent sur les sorbiers cramponnés aux parois des ravins, le vertige s'empare de vous, vous croyez à un danger jusqu'à ce que votre main sonde autour de vous le terrain solide où poussent les herbes et les fleurs.

Les habitants des vallées lorraines passent par ici pour aller à la foire de Munster. En hiver ce voyage est plein de dangers, et je racontai à mes touristes le souvenir le plus émouvant de mes soixante-six voyages de Fraize.

C'était au mois de mars. L'hiver avait été rude et long; la neige ensevelissait tous les sommets des Vosges, et s'étendait encore jusque dans les vallées. Une petite société du Valtin, savoir le fils et la fille du maire, un forgeron et une femme revenaient de la foire de Munster.

Le temps était mauvais : une pluie torrentielle, suivie d'une neige épaisse, était tombée sur la terre; puis un vent glacial avait continué de souffler sur les monts. Les malheureux voyageurs, trempés par la pluie et transis de froid, gagnèrent à grand'peine les hauteurs; là il leur fut impossible de marcher plus longtemps. Le fils du maire était encore jeune, et peu accoutumé aux fatigues des montagnes; il s'affaissa sur la neige sans pouvoir faire un pas de plus. Sa sœur, âgée d'environ vingt ans, et qui était forte et robuste, refusa de quitter son frère. « Il sera sauvé, disait-elle, ou nous périrons tous les deux; pour l'amour de Dieu, faites diligence et cherchéz du secours. »

Le forgeron et la femme continuèrent de marcher

dans la direction de la ferme du Thanet. Bientôt le forgeron lui-même fut obligé de s'arrêter. Seule la femme put gagner la ferme; mais, arrivée à la porte, les forces lui manquèrent, elle ne put ouvrir. Debout, immobile comme une statue, elle tenait le loquet en main sans pouvoir faire le moindre signal. Combien de temps se passa-t-il ainsi, il serait difficile de le dire. La vérité est qu'à un certain moment, le fermier voulant sortir, la pauvre femme roula du dehors dans l'intérieur de la cuisine; elle était raide comme un bloc de marbre et avait perdu l'usage de ses sens. On lui prodigua tous les soins, mais il fallut plusieurs heures pour la ranimer; quand elle put parler, il était trop tard pour ses malheureux compagnons. Aussitôt le fermier, sa femme et son fils se mirent à leur recherche; ils trouvèrent le cadavre du forgeron à moins de quatre cents pas de la maison.

Quant au frère et à la sœur, on les vit couchés sur le linceul blanc et funèbre à l'endroit où ils s'étaient arrêtés. L'héroïque jeune fille, la plus forte de la petite caravane, était morte victime de son amour fraternel; on la trouva étendue sur le cadavre de son frère, qu'elle avait enveloppé de son manteau et de sa robe et réchauffé de son haleine.

Je revenais de Fraize, lorsque je rencontrai une schlitte escortée d'une grande foule; la blanche surface de la neige était couverte d'hommes et de femmes; tous pleuraient : c'était le convoi des trois victimes qui passait. Elles étaient étendues là sur le véhicule pour aller dormir côte à côte au champ du repos, après avoir lutté et souffert ensemble. On célébrait avec larmes l'héroisme de la jeune fille, et la vue du cadavre de cet ange de charité était certes bien éloquente.

En quittant le sommet du Thanet, on s'élève légèrement vers le Gazon-de-Fête (treize cent six mètres); ensuite on atteint les Hautes-Chaumes (douze cent quatre-vingt-seize mètres), dernier point important que l'on trouve sur son chemin si l'on suit la crête; la vue dont on jouit embrasse à la fois l'Alsace, la Lorraine, la forêt Noire et une grande partie de la Suisse.

Voici un endroit où les buissons rabougris livrent passage à un sentier qui vous reconduit au bord de la crête; là s'élève un poteau indicateur avec l'inscription : « Lac Vert. » En effet, ce lac aux eaux verdâtres, bordées d'un gazon riant, est à vos pieds, remplissant un entonnoir profond qui se déverse dans le Kleinthal; en un quart d'heure vous pouvez l'atteindre en descendant le flanc escarpé de la montagne.

Continuons d'avancer vers le nord, et toujours sous le charme du paysage. La solitude se fait de plus en plus autour de vous : point de chalets, point de troupeaux ni même de buissons; une terre roussâtre où il n'est pas rare de trouver des neiges anciennes au mois de juillet; enfin un sol tourbeux, marécageux, qui vous conduit vers le versant alsacien. Faites encore quelques pas, et un aspect nouveau se présente à vos yeux, le terrain semble manquer sous vos pieds; un gouffre est là qui vous fascine et vous ravit : c'est le

lac Noir. La couleur de ses eaux, les rochers qui le
surplombent, les forêts qui l'avoisinent, tout éveille
une idée de deuil et de tristesse plutôt que d'agré-
ment. Vers le nord, des parois abruptes à la face dé-
nudée et aux flancs marbrés de noir laissent couler
le ruisseau qui, s'échappant en blanches cascades,
va remplir le bassin solitaire. Au sud, les sapins des
Vosges, penchant leurs pyramides sur les eaux, achèvent de donner à ce tableau les teintes mélancoliques
et l'aspect sauvage qui l'ont rendu célèbre.

A vos pieds commence le sentier qui conduit vers
le lac, et vous amène tantôt au-dessus des eaux et
tantôt vous en éloigne. Quand vous y touchez, vous
contemplez en même temps le site grandiose qui vous
environne, et le barrage en blocs de granit qui sert à
régler l'écoulement du bassin, utilisé pour l'industrie
de la vallée d'Orbey.

Un sentier conduit en une forte demi-heure au lac
Blanc, à travers les sapins et les vastes moraines
blanchies par les eaux et les neiges. Il faut monter
un peu, le lac Blanc étant plus élevé que son noir
voisin : son altitude est de mille mètres, sa longueur
d'environ cinq cents mètres ; il a plus de soixante
mètres de profondeur. C'est un site peut-être moins
sévère, mais tout aussi pittoresque que celui du lac
Noir. On est étonné de trouver cette petite mer aux
flancs d'une montagne et au pied de formidables rochers émiettés en partie, taillés en mille clochetons,
bigarrés de mille raies, étalant fièrement leurs murailles inaccessibles.

Vers la vallée où le bassin se déverse, vous ne voyez que les blocs amoncelés des moraines ; le lac lui-même est bordé d'une ceinture de pierres blanches comme de la craie ; les rochers qui lui servent de décors sont également blanchâtres, et tempèrent ainsi par leur nuance ce que ce gouffre aurait de lugubre, car c'est à peine si quelque rare arbrisseau pousse au bord des eaux, sur cette terre uniquement réservée aux rochers. Au dire des voyageurs, le lac Blanc a quelque analogie par ses rives escarpées avec celui de Wallenstadt en Suisse. Un sentier le longe au sud, et vous fait arriver à un endroit remarquable par un écho polysyllabe. Tournez-vous vers la montagne : si vous faites entendre quelques modulations de voix, elles voleront vers le vaste et magnifique cirque de rochers qui vous domine, et expireront en longs accords comme une symphonie éloignée ; votre oreille en est charmée, et vous seriez tenté de croire à des êtres invisibles qui hanteraient ces rivages déserts et mélancoliques.

Mais bientôt on arrive à de grasses prairies, au milieu desquelles s'élève maintenant un hôtel qui n'est habité qu'en été.

Les touristes que j'accompagnais proposèrent de dîner au-dessus du lac. Nous grimpâmes donc au sommet d'un rocher qui a l'apparence d'une table sur laquelle la nappe est toujours mise : c'est une splendide pelisse de mousse verte. Certes, l'appétit ne nous manquait point ; après une course de sept lieues par les montagnes, le bon vin blanc d'Alsace et le bourgogne que nous avions emportés furent dignement appréciés. En même temps les oiseaux qui rasaient la surface de l'eau sous nos pieds nous égayaient de leur causerie animée, tandis que dans les airs les alouettes, voisines des nuages, exécutaient leurs courses capricieuses accompagnées de mélodies.

Les eaux du lac Blanc et du lac Noir sont utilisées, comme j'ai dit, par l'industrie de la vallée d'Orbey. Des barrages formidables y ont été établis dans ce but : celui du lac Noir a plus de soixante-dix mètres de longueur, seize mètres de largeur et onze mètres de hauteur. Ils sont faits de blocs de granit, dont l'intervalle est rempli de terre, de pierres, de cailloux et de béton ; en outre, pour protéger ces travaux, on a amoncelé le long des rives des blocs de rochers.

Ces précautions sont nécessaires, car le lac Noir élève ses vagues de deux mètres quand souffle la tempête.

Le volume d'eau qu'on peut ainsi enlever aux deux lacs, grâce aux barrages, est de trois millions de mètres cubes, dont un million huit cent mille sont fournis par le lac Noir.

L'ombre cependant descendait sur nous ; le ciel se couvrait peu à peu, et la chaleur de la matinée, ainsi que la transparence de l'air, présageait un orage. En peu de temps la crête des monts fut enveloppée de brumes épaisses, s'avançant progressivement vers la vallée. Lorsque le soleil parvenait à faire une trouée dans les nuages, ses rayons dessinaient sur les rochers, les forêts et les eaux une nappe d'or flottante qui variait de nuance, prenant le ton et les couleurs des objets sur lesquels elle glissait furtivement.

Je prévins les touristes que le ciel devenait mena-
çant et qu'une tourmente pouvait nous surprendre
dans ces solitudes; nous commençâmes donc la des-

Le lac Noir.

cente vers la vallée d'Orbey, en partie éclairée par le
soleil, en partie plongée dans les ombres.

Les sentiers que nous avions à suivre, quoique
escarpés, sont très agréables, grâce aux sites variés
qu'ils offrent au touriste. D'abord on aperçoit une cascade : c'est la Weiss qui tombe d'un rocher. Ensuite

les forêts et les pâturages vous occupent jusqu'à la première commune importante de la vallée, Orbey, bourg industrieux d'environ cinq mille habitants, y compris ses annexes. Et toujours les flots limpides et bruyants de la Weiss, peuplée de truites, vous suivent et vont bientôt se ramifier à l'infini pour faire marcher des usines ou féconder les prairies.

Dans toute la vallée les gens ne parlent que le français. De nombreux établissements d'industrie, des églises, des écoles, des maisons propres et bien tenues s'offrent partout aux regards; les mœurs des habitants sont douces et polies, et l'étranger y séjourne avec plaisir.

Toute la vallée est un vrai paysage alpestre, auquel l'industrie de l'homme n'a pu enlever son cachet primitif. Les hôtels succèdent aux chalets, les usines aux cabanes, les forêts aux prairies, et les rochers aux petites plaines de verdure; mais on se sent toujours dans le domaine de la nature agreste et champêtre.

Lorsqu'on descend la vallée par la route postale, on arrive au bourg de Lapoutroye, chef-lieu de canton adossé aux montagnes.

Plus loin c'est Kaysersberg, petite ville de trois mille quatre cents habitants, riche par son vignoble. C'est également un chef-lieu de canton. A peu de distance s'élèvent les ruines du château de Kaysersberg. Le pays environnant est une des merveilles de l'Alsace. Tout à l'heure une forêt de sapins vous enveloppait, et c'est à peine si la route y trouvait place;

à présent une plaine d'une fertilité et d'une richesse exubérantes est devant vos yeux, tandis qu'à vos côtés de magnifiques collines chargées de vignes, qui alternent avec les bourgs opulents de Sigolsheim, de Riquewihr et autres, étendent leurs ramifications jusqu'aux dernières limites de l'horizon et sont, par leurs excellents vins, une source de trésors inépuisables.

A peine avions-nous trouvé un refuge à Orbey que des torrents de pluie, accompagnés d'un fort vent, s'abattirent sur la vallée. Cela dérangeait les plans de mes touristes, qui étaient d'excellents marcheurs : ils auraient voulu gagner, en longeant la chaîne des Vosges, la vallée de Sainte-Marie-aux-Mines ou de la Liepvrette, pour visiter la route du Bonhomme, qui fait communiquer par les montagnes Sainte-Marie-aux-Mines avec Saint-Dié. Malheureusement la pluie dura jusqu'à cinq heures du soir, et le temps resta brumeux.

Nous nous proposâmes donc d'employer le reste de la journée le mieux possible; une belle excursion, celle des Trois-Épis, se trouvait, pour ainsi dire, sous notre main. Je conseillai aux touristes de l'entreprendre, en allant d'Orbey vers Labaroche, village situé au-dessus de nous, sur une des pointes que les Vosges poussent vers la plaine.

Ma proposition fut d'autant mieux accueillie qu'aucun de mes Strasbourgeois n'avait vu les Trois-Épis. Nous nous mîmes donc à grimper vers le ban de Labaroche, dont nous atteignîmes en moins d'une heure les cabanes couvertes de bardeaux. Les femmes y étaient occupées à faire égoutter au soleil le fromage blanc, unique denrée vendue à l'étranger. Labaroche, bâti à la crête des hauteurs, domine comme l'aire d'un aigle toute la vallée d'Orbey.

LES TROIS-ÉPIS

LES TROIS-ÉPIS

—————

Lorsqu'on quitte Labaroche, on suit un sentier qui pénètre dans une forêt, ou plutôt dans un vaste bocage. Les charmes, les mélèzes et les coudriers qui l'ombragent y forment des retraites enchanteresses. On monte, on monte toujours; et enfin un faisceau de rayons lumineux se faufile à travers les derniers massifs d'arbres et de buissons. Encore un pas, et une clairière magnifique se trouve devant vos yeux : les champs et les prés, les maisons et les hôtels somptueux couronnent admirablement la crête que vous avez atteinte en rêvant aux chants des oiseaux. Ce village des montagnes est un des belvédères les plus charmants de l'Alsace; ce sanctuaire, dont les blanches murailles étaient déjà visibles à la lisière de la forêt, c'est le fameux pèlerinage des Trois-Épis. Aux voûtes de feuillée a succédé le ciel bleu : les tapis de mousses et les touffes de fougères ont été remplacés par les fleurs des prairies, et votre horizon, qui tout à l'heure s'étendait d'un buisson à l'autre, s'est élargi subitement, et n'a plus, pour ainsi dire, de limites.

L'origine des Trois-Épis remonte à la fin du xv° siècle. La tradition rapporte que non loin d'ici, dans la forêt située au-dessus du riche bourg d'Ammerschwihr, un homme fut tué par la morsure d'une vipère. Les gens du pays clouèrent une image de la Vierge à un vieux chêne à l'endroit où l'accident était arrivé. Quelque temps après, en septembre 1491, un brave forgeron d'Orbey traversait la forêt à cheval pour aller acheter du grain à Niedermorschwihr. Arrivé au vieux chêne, qu'on appelait alors « la place de l'homme mort », et en regard de l'image de la sainte Vierge, il descendit de cheval et fit une prière bien recueillie. Aussitôt il se vit environné de lumière; la Mère de Dieu, toute resplendissante et portant un vêtement éclatant de blancheur, lui apparut. D'une main elle tenait une tige de blé avec trois épis, et de l'autre un glaçon. Elle lui ordonna de révéler la vision aux gens du pays et de les exhorter à la pénitence, car ils étaient devenus méchants et corrompus; le glaçon signifiait les maux de toute sorte qui affligeraient leurs personnes, leurs propriétés et leurs récoltes, s'ils persévéraient dans la mauvaise voie; la tige de blé portant trois épis représentait l'abondance qui naîtrait de leur conversion et de la pratique du bien.

Arrivé à Niedermorschwihr, où se tenait le marché,

le forgeron n'eut point le courage de parler de ce qu'il avait vu. Mais quand il voulut charger sur le dos de sa monture le sac de grain qu'il venait d'acheter, il lui fut impossible de le remuer. Les hommes les plus forts du pays essayèrent vainement de le soulever, et tous furent saisis d'étonnement et de frayeur. Alors seulement le forgeron révéla sa vision, et aussitôt il put charger le sac sans difficulté. Ce fait amena un changement complet dans les mœurs du pays : à l'endroit où s'élevait le vieux chêne on fit bâtir une chapelle, et ce qui avait été la « place de l'homme mort » devint Notre-Dame-aux-Trois-Épis. Quelque temps après un blasphémateur se permit d'enlever à l'église de Niedermorschwihr une hostie consacrée qu'il destinait à un but criminel; mais, arrivé en face de la chapelle des Trois-Épis, il fut saisi d'une frayeur invincible, jeta l'hostie et prit la fuite. Or des grains de froment perdus avaient levé à côté de la chapelle et avaient produit trois tiges garnies chacune d'un épi, et les trois épis se touchaient. Ils servirent de support à la sainte hostie, qui demeura suspendue à ce frêle appui. Aussitôt des abeilles arrivèrent et l'entourèrent d'un rayon de miel. En même temps on entendit une céleste harmonie, et les fleurs de la montagne balancèrent leurs corolles en cadence.

Plusieurs personnes, témoins du fait, allèrent en prévenir le curé d'Obermorschwihr, qui, suivi de toute la paroisse, vint recueillir la sainte hostie.

A partir de ce moment, le pèlerinage de Trois-Épis acquit une renommée de plus en plus considérable.

Au commencement du xvi° siècle, trois seigneurs : Conrad, chevalier de l'Empire ; Sigismond, seigneur de Landsperg, et Guillaume, seigneur de Ribaupierre, obtinrent de l'évêque de Bâle que les Trois-Épis fussent pourvus d'un prêtre.

Pendant la révolution, la chapelle fut fermée au culte divin, mais les habitants d'Ammerschwihr, sur le territoire desquels se trouve le pèlerinage, enlevèrent secrètement la statue de la Vierge. Pour empêcher la destruction ou la profanation du sanctuaire, ils achetèrent les Trois-Épis avec toutes leurs dépendances. La statue, qu'ils conservèrent au sein de leur antique cité, fut solennellement reportée au sanctuaire de la montagne quand la paix religieuse fut faite en France. Neuf paroisses viennent au moins une fois par an visiter les Trois-Épis.

Non seulement le pèlerin s'achemine vers ce pieux endroit, mais aussi le touriste y trouve une des vues les plus recherchées à cinquante lieues à la ronde. Des hôtels vastes et somptueux lui offrent tout le confortable qu'il peut désirer dans ce superbe pied-à-terre élevé de sept cents mètres ; des forêts immenses, toujours animées par le chant des oiseaux, offrent de tous côtés des ombrages touffus, et une route enchanteresse le conduit aux vignobles et aux pâturages de la vallée de Munster. Des sentiers lui font visiter facilement quantité de villages et de bourgs, qui ornent comme d'une couronne le pied de cette montagne merveilleuse.

Et quel horizon ! Entrez à l'hôtel des Trois-Épis :

voici un balcon perché sur la crête d'un rocher ;
vous ne sauriez trouver un coin plus magnifique pour
prendre votre repas ou causer avec un ami. Notre
belle Alsace est à vos pieds : nulle part peut-être elle
ne se présente revêtue de tant de magnificence ; les
montagnes et les collines des Vosges sont la parure
de cette reine grandie par le malheur. Les flancs boisés
de la vallée de Munster, qui, par leur grasse verdure,
ressemblent à des tapis moutonnés et ondulent depuis
la plaine jusqu'aux hauts sommets des Vosges ; les
ruines des châteaux du Haut-Landsberg et de Plix-
bourg, dont les donjons se dressent au-dessus des
campagnes fleuries ; la plaine elle-même, avec les
villes de Colmar, d'Ensisheim, et quantité de bourgs
et de villages, puis le Rhin, puis les bourgs de la
forêt Noire ; et enfin, dans le lointain, les Alpes avec
leurs cimes blanches : voilà l'horizon des Trois-Épis.
Et tout autour de vous vous ne voyez que voitures qui
courent vers la plaine ou qui remontent péniblement
jusqu'à vous. Les sinuosités de la route vous les font
voir tantôt à vos pieds, tantôt éloignés dans les bois.
Dix fois le même véhicule paraît et disparaît avant
d'avoir atteint la vallée. Bientôt vous ne voyez plus
que les blanches murailles des bâtiments perchés sur
les rochers, au milieu des forêts des Trois-Épis, et le
sanctuaire béni qui domine toutes choses.

Mes compagnons me témoignèrent une vive reconnaissance pour le conseil que je leur avais donné à
Orbey, et y ajoutèrent une bonne récompense. Ils
voulurent passer quelques jours encore dans ces lieux

charmants : pour moi, je repartis de grand matin, espérant regagner ma demeure avant que la nuit fût venue.

L'aube blanchissait à peine le ciel au-dessus de la plaine d'Alsace, que déjà je m'acheminais par les sentiers vers Turckheim, où je comptais annoncer une nouvelle vente de bouteilles.

Ma charge cependant me paraissait bien lourde, et, à la première halte que je fis sur la mousse, je voulus voir ce que les braves Strasbourgeois y avaient laissé. J'y trouvai toutes les provisions qui n'avaient pas été consommées : viande, pain et vin; il y en avait pour une forte somme. Je me réjouis à la pensée que ma chère femme et mes petits enfants en feraient plus d'un bon repas.

La lumière pénétrait peu à peu sous les mélèzes; à mes côtés, un ruisseau limpide comme la rosée du matin s'enfonçait en murmurant sous un taillis de hêtres; un petit souffle, précurseur du soleil, faisait frissonner le feuillage. Enfin l'astre brillant inonda de ses rayons la plaine d'Alsace et les solitudes boisées des Vosges, et les petits oiseaux célébrèrent à l'envi les splendeurs de la lumière naissante et les charmes de la jeune feuillée. Je ne pus moins faire pour célébrer tant de merveilles que les oiseaux du ciel; je tombai à genoux au milieu des mousses et des herbes verdoyantes, et je remerciai Dieu de ses bienfaits. N'avais-je pas droit de me comparer à ces chantres des forêts? N'étais-je pas pauvre comme eux, et comme eux aussi riche par la possession et la jouissance de

la belle nature? Comme eux enfin j'attendais tout de
la Providence, de qui me venait tout secours.

La matinée était magnifique : chaque buisson avait
son chanteur, chaque rameau son murmure. Tantôt
des filets d'eau, s'infiltrant sous les mousses, folâ-
traient dans l'épaisseur des bocages sous la chevelure
toujours fleurie des gazons; tantôt une fontaine, re-
cueillant les ondes d'un rocher, les versait en perles
limpides dans un riant bassin où venaient s'abreuver
les hôtes des bois; ici le sentier, serpentant sous les
mélèzes, me conduisait sous un ombrage touffu; là, se
déroulant vers la lumière, il m'amenait au foyer bienfaisant du soleil matinal. Parfois une gorge profonde
de quelques pas m'isolait totalement du paysage, et
me faisait entendre comme dans le lointain les chants
des oiseaux; mais tout à coup cet aspect aussi réduit
que charmant disparaissait: un temple féerique s'ouvrait devant moi. Il avait pour nef une longue rangée
d'arceaux de verdure; pour chœur, au fond, le firmament, qui s'ouvrait au-dessus des guérets de la
plaine; pour tour enfin, le sommet de la montagne,
qui s'élevait vers les cieux.

C'est ainsi que, mille fois en extase devant les paysages pleins de charmes qui m'environnaient, j'arrivai
à Turckheim. J'entrai à une auberge où j'avais coutume de descendre pour noter des commandes. L'au-
bergiste était un homme affable, et aimait beaucoup
à s'entretenir avec les voyageurs. Comme il vit que je
m'arrêtais devant un tableau suspendu au-dessus de
moi, il me dit: « Ceci représente un épisode qui con-

cerne ma famille, et se rapporte au temps de la
grande révolution. Je dois vous dire que mon grand-
père paternel est le dernier que le son de la cloche
ait accompagné à sa dernière demeure au moment de
la persécution, et que ma grand'mère maternelle est
la première personne dont les cloches aient annoncé
la mort quand la paix religieuse fut officiellement
proclamée. Ce tableau la concerne plus spécialement.

« C'était pendant le règne de la Terreur; nos
cloches chrétiennes étaient muettes, et tout culte
proscrit. L'espionnage était organisé méthodiquement
dans toutes les communes. Or il arriva qu'un matin,
pendant que les fenêtres étaient ouvertes, la grand'-
mère dit au grand-père, alors boucher à Turckheim :
« Ah ! si jamais j'entendais de nouveau sonner les
« cloches, et que je pusse une seule fois encore as-
« sister à l'office divin, je me sentirais heureuse, et
« je donnerais aux pauvres notre meilleure pièce de
« vin ! »

« Des gardes municipaux entendirent ces paroles,
et parmi eux il y en avait un qui devait à mon aïeul
neuf cents francs. Il trouva sans doute que dénoncer
mes parents serait une manière facile de s'acquitter,
et pour cela les paroles de la grand'mère suffisaient.
Le lendemain, le grand-père alla vers Metzeral avec
deux domestiques, pour s'approvisionner de bêtes de
boucherie. Les municipaux profitèrent de cette occasion pour cerner la maison, arracher ma grand'mère
de son lit, et l'emmener en prison; ils n'auraient pas
eu le courage de lui faire cette violence en présence

du chef de la maison, dont la taille était plutôt d'un colosse et d'un hercule.

« Quand mon grand-père revint de Metzeral, il trouva la servante seule au comptoir, les yeux rouges de larmes. Il fallut bien s'expliquer, quand il cria d'une voix terrible : « Où est ma femme? » Dès qu'il sut la nouvelle de son arrestation, il entra dans une grande colère; et comme le maire de Turckheim, cédant à la force, avait donné l'ordre pour opérer cette arrestation, il s'en alla droit à son bureau. Le maire l'aperçut par la fenêtre et ferma la porte, que mon grand-père enfonça d'un coup de pied. Puis, empoignant le maire comme un chat ferait d'une souris, il le secoua terriblement, le traîna hors de son bureau, le jeta dans la cour, où il le laissa plus mort que vif.

« Ensuite il se rendit directement à la prison. Les gardes voulurent l'arrêter : il les renversa comme on renverse un château de cartes.

« La porte de la prison vola en éclats sous les coups du colosse, et la grand'mère fut ramenée triomphalement au domicile.

« Bientôt une troupe nombreuse vint assiéger la maison. Mon grand-père l'avait prévu, et s'était retiré au premier étage. Muni de son couteau de boucher, il attendit de pied ferme. La porte de la maison avait été barricadée; elle fut enfoncée, et les municipaux se précipitèrent vers l'escalier. Mais, quand ils aperçurent la terrible figure du géant, qui de ses yeux lançait des éclairs et aiguisait son couteau, ils s'arrêtèrent net; aucun ne voulut avancer le premier. Enfin l'homme aux neuf cents francs de dette enjamba l'escalier. « Misérable, lui cria le grand-père, si tu « montes tu es mort ! » et il continua tranquillement d'aiguiser le couteau.

« La situation durait encore, et menaçait de devenir inquiétante pour mes parents, lorsqu'une grande rumeur se fit entendre sur la place Turenne. Des milliers de cris retentirent : « Robespierre est mort ! mort aux « tyrans ! » Aussitôt les municipaux se dispersèrent, et mon grand-père ne fut plus inquiété. »

LA MÈRE GRASSEL

LA MÈRE GRASSEL

Je quittai Turckheim vers neuf heures du matin, et
je remontai au grand soleil la belle vallée de Munster.
Vers le soir, j'atteignis le chalet du Rothenbach. Arrivé
à la forêt, je rencontrai la vieille Grassel, qui avait
alors quatre-vingt-cinq ans. Elle revenait du lac Marchais, où elle avait fait sa provision de thé amer ou
bitterklee : car c'était une fameuse herboriste que la
vieille mère Grassel, et elle se vantait d'une vaste
science en fait de médecine. Les jeunes gens la consi-
déraient comme une sorcière ; les mères s'en servaient
en guise de croque-mitaine pour effrayer les enfants
rebelles. Elle laissait dire et faire, se contentant de
se rendre utile et de recevoir, pour prix de ses peines,
une modique récompense ; mais le plus souvent elle
distribuait ses herbes gratis. Je ne pouvais moi-même,
je l'avoue, me défendre d'une certaine crainte quand

je la rencontrais; cette sorte de terreur qu'elle m'inspirait datait de loin : j'étais encore enfant, quand la mère Grassel me donna une fois une excellente leçon par des arguments frappants. Un jour je m'amusais à arracher les ailes à plusieurs mouches que j'avais prises, lorsque je me sentis empoigné et terriblement secoué par les deux oreilles. Je me retournai : c'était la mère Grassel; elle avait alors environ quarante ans. « Que voulez-vous? » m'étais-je écrié plein d'épouvante en voyant ses yeux perçants, qu'elle dardait sur moi, pleins de sévérité. « Je veux t'arracher les oreilles, » me dit-elle froidement, et elle continua de me secouer au point de me faire verser un torrent de larmes. « Vous me faites grand mal, dis-je enfin; laissez-moi, je ne vous ai pas offensée.

— Ah! petit vaurien, glapit la mère Grassel, je te fais souffrir, quoique tu ne m'aies fait aucun tort. C'est vrai; mais toi, ne tourmentes-tu pas ces pauvres mouches, qui ne t'ont fait aucun mal non plus? Crois-tu qu'elles ne souffrent pas quand tu leur arraches les ailes, de même que tu souffrirais si je t'arrachais les oreilles?

« Ne sois jamais cruel envers les bêtes, et ne fais jamais ni aux hommes ni aux animaux ce que tu ne veux pas qu'on te fasse. »

J'avoue que les arguments de la mère Grassel firent plus d'effet sur moi que toutes les bonnes recommandations de ma mère, et que je me promis bien de ne plus exercer contre des êtres inoffensifs un pouvoir tyrannique.

En descendant vers le village, je fis donc route avec la mère Grassel. Malgré son grand âge elle était encore robuste. Elle m'entretint naturellement de sa branche favorite, la connaissance des plantes. « Il faut bien apprendre ces choses, me répétait-elle souvent, surtout quand on a une famille nombreuse comme la tienne, et qu'on peut trouver dans ces montagnes des ressources si précieuses. La nature, du reste, n'offre de véritable intérêt et de sérieuse consolation qu'à ceux qui cherchent à la connaître. Les gens simples me croient sorcière, parce que j'en sais plus long qu'eux. La vraie sorcière, c'est la nature, à laquelle Dieu a donné une voix qui parle par chaque brin d'herbe et mille ressources pour nous sauver. Étant enfant, j'accompagnais mon grand-père au haut des montagnes; déjà il m'apprenait tout ce que je pouvais comprendre alors. La plupart de nos maux viennent de notre ignorance. Ainsi, il y a une vingtaine d'années, j'entendais le marcaire Mathis, du Rothenbach, se lamenter très fort parce qu'il ne parvenait pas, malgré une triple dose de présuré, à faire cailler le lait de ses vaches pour la fabrication du fromage; des bohémiens, disait-il, venaient de passer à son chalet, et lui avaient jeté un sort. « Ne croyez pas à ces sot-
« tises, lui dis-je; les bohémiens vous en veulent
« parce que vous les avez chassés quand ils vous
« volaient du fromage; alors, pour se venger, ils ont
« jeté à votre insu dans votre chaudron une petite
« plante qui pousse sans doute autour du chalet
« même, et empêche le lait de cailler. Arrachez cette

« plante partout où vous la trouverez, alors on ne
« pourra plus l'employer à votre détriment; et les
« vaches, ne l'absorbant plus, vous donneront un lait
« qui se convertira bien plus facilement en fromage.
« Mais, quant à la chaudière de lait que voici, elle
« est perdue; faites passer tout cela, et vous trouverez
« la plante dont je vous ai parlé. »

« Le marcaire Mathis fit ce que je lui dis; il trouva
effectivement plusieurs pieds de cette herbe, et ne
crut plus aux sortilèges.

« Voilà pourquoi je t'engage, toi, Joseph, à t'instruire dans la connaissance des plantes.

« Pour guérir les blessures, tu emploieras les huiles
et les graisses, et en général les plantes qui sont de
la famille de l'ognon. Contre les rhumes, les maux
de gorge et de poitrine, tu feras usage de la mousse
du Ballon ou lichen d'Islande; on fait cuire cette plante
dans du lait, et l'on ajoute une petite dose de sucre
candi; elle sert aussi, dans les pays très froids, à faire
du pain. Dans les mêmes affections, le trèfle d'eau,
le tussilage ou petasite sauvage, encore appelé fleur
de Saint-Antoine, produisent un effet merveilleux;
il convient d'ajouter à ces excellentes herbes et d'honorer à un haut degré la sauge cultivée, et enfin la
célèbre molène ou cierge de Notre-Dame, aussi appelée bouillon-blanc: cette fleur jaune pousse dans
nos moraines, et produit une tisane bienfaisante dans
les maladies de la poitrine. Tu as pu voir par toi-
même, lorsque j'ai guéri ton orteil écrasé, comment
on emploie l'arnica ou tabac des Vosges.

« L'estomac se trouve bien des principes amers, et les plantes qui les renferment fournissent une tisane très efficace. Donc, pour fortifier les estomacs faibles, on emploiera la menthe poivrée, le houblon, le trèfle d'eau et la fameuse gentiane. La camomille est souveraine contre les indigestions, et la rhubarbe donne de l'appétit.

« Mais en te parlant de plantes amères qui agissent spécialement sur l'estomac, j'aurais presque oublié la fameuse centaurée officinale. Sais-tu pourquoi on l'appelle encore herbe aux mille écus? Je vais te l'expliquer.

« Il y avait une fois un roi dont la fille unique était malade, bien malade. Le roi avait appelé auprès d'elle tous les médecins du pays; mais l'état de sa fille ne faisait qu'empirer. Survint un mendiant qui demanda une audience au roi. Quand il fut admis auprès du souverain, il lui dit : « Noble roi, je sais un remède « qui guérira votre fille : il faut qu'elle boive du fiel « des prairies. C'est une herbe que je connais; on « l'appelle ainsi parce qu'elle est très amère.

« — Si vous parvenez à guérir ma fille, répondit « le roi, je partagerai mes richesses avec vous. »

« Aussitôt le mendiant se mit à la recherche de la fameuse plante; mais elle était bien rare dans ce pays-là. Le roi fit donc partout publier par ses hérauts d'armes qu'il offrirait mille écus pour chaque pied de fiel des prairies, c'est-à-dire de centaurée officinale; le mendiant dirigea les recherches, et enfin on trouva cette herbe en assez grande quantité pour pouvoir en préparer plusieurs breuvages. La fille du roi guérit aussitôt, et le roi, ivre de bonheur, accomplit tout ce qu'il avait promis : il garda le mendiant dans son château, lui donna des monceaux d'or, et le fit gouverneur de ses domaines. Depuis, la plante en question fut appelée herbe aux mille écus.

« Pour purifier le sang on emploie des racines de chiendent, d'asperges, d'angelica, les feuilles du noyer et de la ronce, le cresson, la violette, le fraisier. Le gui de l'aubépine, et la spirée, qui pousse le long de nos torrents, sont surtout employés contre l'hydropisie. La fleur du prunellier est un purgatif doux et agréable ; il convient surtout aux petits enfants. On recommande aussi la fleur de bruyère, et le cumin et le genièvre sont employés principalement dans les épidémies.

« La racine de valériane calme surtout le système nerveux; dans nos pays on l'appelle herbe aux chats. La voici qui pousse en masse autour de nous, dans ces gazons marécageux. Sa semence est munie d'un duvet cotonneux que le vent emporte à une grande distance; de cette manière la plante est semée partout; mais l'ombre et l'humidité lui conviennent principalement.

« Les fleurs du tilleul et du sureau sont utiles pour toute indisposition, et nous donnent surtout une tisane sudorifique. Au mois de mai, on prépare l'excellent « breuvage de mai » en faisant infuser dans du vin blanc le lierre terrestre, le petit muguet des bois, la fleur du fraisier et la violette des montagnes.

« Enfin il convient de nommer encore deux fameux remèdes domestiques à la portée de tous : le *travail* et la *tempérance*. C'est à eux surtout que je dois mon âge de quatre-vingt-cinq ans.

— Vous avez raison, mère Grassel, dis-je en riant ; votre conversation m'a vivement intéressé ; le chemin m'a paru court et facile, et la vallée semblait vraiment venir au-devant de nous. »

Quand je déballai les petits trésors renfermés dans ma hotte au milieu de ma nichée d'enfants, j'éprouvai un contentement que seul le cœur d'un père peut apprécier et ressentir.

LE LAC DES ÉTOILES

UNE NUIT DANS LE TORRENT

LE LAC DES ÉTOILES

UNE NUIT DANS LE TORRENT

Ainsi la vie s'écoulait pour moi entre le travail et la satisfaction du devoir accompli. Les épreuves ne m'avaient pas manqué ; mais je tâchais de les supporter bravement : elles sont inhérentes à notre nature, et ne doivent point nous étonner ; la Providence, d'ailleurs, qui nous les envoie, sait toujours en retirer du bien.

En 1847 naquit mon septième et dernier enfant ; c'était un fils, et nous étions au comble de la joie. Ces années-là cependant furent rudes à passer : la pourriture des pommes de terre, inconnue avant 1844, enlevait aux pauvres un aliment précieux ; de plus, les événements politiques vinrent bientôt arrêter l'essor alors si fécond de l'industrie. Louis-Philippe en exil, la révolution dans les rues de Paris, le gouvernement provisoire, enfin la présidence de Louis-Napoléon :

tels furent les événements qui se succédèrent coup
sur coup.

Les fabriques chômaient, et mes enfants ne gagnaient presque plus rien. J'étais bien content d'avoir
une petite réserve qui me permît de passer ces temps
si durs, et de pouvoir employer les bras inoccupés à
l'amélioration de mes champs et de mes prés.

En 1851, je servis de guide à des touristes qui se
dirigeaient vers le Gazon-Rouge. Cette montagne intéressante, dont la tête triangulaire et escarpée rappelle
si bien un sommet des Alpes, offre, en effet, partout
des sites alpestres. On s'y rend habituellement par le
vallon de Storkensohn, qu'on remonte en longeant
les abords de la montagne. Peu à peu on dépasse les
dernières maisons de Storkensohn; à gauche, ce sont
des prairies verdoyantes; au fond de cette vallée en
miniature coule un ruisseau dont le murmure vous
accompagne l'espace de plus d'une lieue. Vous entrez
ensuite dans la forêt, et maintes fois vous êtes tentés
de vous asseoir sur une pierre moussue, soit à l'ombre
des sapins, soit au pied d'un rocher couvert de fougères, de lierre et de framboisiers. Près de vous, le
ruisseau s'échappe en cascatelles nombreuses, et les
truites frétillantes courent sous les blocs de granit.

Quand vous sortez des bois, vous montez en pente
douce par de superbes pâturages, séjour habituel des
troupeaux de Storkensohn; peu à peu les plantes subalpines paraissent dans les gazons. Du côté de la montagne, les vaches aux clochettes sonores s'échelonnent
le long du ruisseau; sur le flanc incliné qui avoisine

la forêt, le chevrier surveille sa troupe vagabonde,
mélangée de chèvres blanches et noires et de quelques
moutons; mais il exerce en même temps sa souveraineté sur le peuple des vaches, et partage le fardeau
du pouvoir avec son fidèle chien de garde; assis à
l'ombre d'un hêtre isolé, il joue sur son waldhorn,
non pas le « ranz des vaches », mais un air tout mar-
tial : on devine qu'il a été musicien dans quelque régiment. Je doute qu'au bord des frais ruisseaux et sur
la pelouse des pâturages veloutés, il soit moins heureux que jadis aux jours de parade.

Enfin vous atteignez les contreforts du Gazon-
Rouge. A partir de là, le sentier, dont vous voyez les
sinuosités au-dessus de votre tête, devient assez escarpé; le site est sauvage et des plus pittoresques; un
peintre y trouverait de beaux sujets pour sa palette.
A votre droite s'élèvent à pic, à plusieurs centaines
de pieds, des rochers grisâtres flanqués d'érables et
de sapins; le ruisseau que vous avez suivi tombe en
flots d'écume d'une hauteur vertigineuse, et forme
une des cascades les plus remarquables des Vosges.
On est frappé de la beauté et de la transparence de
cette nappe blanche, qui s'en va tombant et rejaillis-
sant avec bruit, au milieu des sombres rochers, au
fond de la forêt plus sombre encore. Devant vous, ce
ne sont que pâturages escarpés : le Gazon-Rouge est
une montagne couverte jusqu'au pied d'herbes et de
fleurs aux vives couleurs.

Le sentier raide que vous suivez débouche enfin sur
un haut plateau couronné par quelques champs de

pommes de terre et par le chalet de Storkensohn, situé au milieu des pâturages les plus verdoyants; mais partout d'innombrables pierres des moraines, ensevelies dans les herbes, vous font voir un vrai semis de rochers. Mais le semeur, c'est la glace des froides journées d'hiver; c'est le feu du ciel, et parfois les ailes de l'ouragan.

Vue de cet endroit, la chaîne est superbe et fascine l'œil. A votre gauche, vous remarquez une forte dépression au milieu de ces rochers parsemés : c'est là qu'est caché le lac des Étoiles (*Sternensee*), situé à neuf cent soixante-dix mètres d'altitude.

Quand vous quittez les pâturages, vous avez une petite demi-heure de montée pénible à travers la moraine qui vous sépare du pic du Gazon-Rouge.

Alors le sentier escarpé disparaît : vous avez atteint le haut plateau du Gazon-Rouge; des pâturages veloutés, voisins des nuages, vous entourent partout; ils ont remplacé sans transition le sentier rocailleux. Dans le pli de terrain qui s'étend entre le pic du Gazon-Rouge et la tête du lac des Étoiles se trouve le chalet où le voyageur va se reposer. Vainement il chercherait un caillou sur ces riants gazons : il n'y a de place ici que pour les herbes et les fleurs. Lorsqu'on se dirige vers le nord, on arrive au chalet des Bois-Neufs (*Neuwald*), au-desous duquel se trouvent la vallée de la Moselle et le vallon latéral des Charbonniers, tandis que sur le versant alsacien la montagne est couronnée d'un labyrinthe d'effroyables rochers. N'oublions pas d'ailleurs que les vallées alsaciennes l'emportent sur les vallées lorraines par le pittoresque comme par l'ampleur et l'étendue.

En quittant le chalet du Gazon-Rouge, qui tire son nom d'une forêt jadis détruite par le feu, on arrive, vers le sud, à la Tête des Bers ou du lac des Étoiles. Ce bassin naturel est situé au fond d'un vaste cirque de moraines, de forêts et de pâturages. Son nom lui vient soit de sa forme, qui est sensiblement celle d'une étoile à quatre branches, soit du scintillement que produit le soleil sur ses eaux, utilisées pour l'industrie de la vallée de Massevaux.

L'étranger éprouve une sensation singulière lorsque, arrivé à la Tête des Bers, il voit, dans une profondeur vertigineuse, ce lac, encadré de pâturages, aussi calme et paisible que les hauteurs environnantes, où se plaît l'ouragan, semblent menaçantes.

A vos pieds s'élèvent, du sein des précipices, des roches aux cimes hardies; à leur base s'étendent de vastes moraines qui ne finissent qu'aux gazons du lac. Au milieu de ces innombrables blocs entassés, de toutes formes, de toutes grandeurs et de toutes nuances, et qu'on dirait être les ruines d'une ville antique, la végétation essaye de planter çà et là son drapeau. Des érables, des sorbiers, des sapins, des hêtres, des ormes, poussent au milieu du désert de pierres. Aussi a-t-on construit un chemin de schlitte à travers les moraines, pour descendre les vieux troncs vers Storkensohn. On ne saurait guère concevoir un chemin plus pittoresque : le schlitteur y est constamment suspendu entre les rochers et le lac étendu à

ses pieds. Assurément, mes amis, il viendra un jour
où tous ces merveilleux sites des Vosges seront mieux
appréciés de nous et plus connus des étrangers; notre
pays alors, sachant tirer parti de son admirable nature, verra fructifier d'immenses ressources qui seront
demeurées stériles.

Les hauteurs dont je vous parle forment les nouvelles frontières taillées dans le cœur de notre pays
par les événements de 1870.

En suivant la crête des Bers, on tourne brusquement
vers l'ouest; on côtoie un des trois chalets des Bers,
disséminés au milieu des plus riants pâturages; on
suit un sentier qui longe la forêt, et l'on a constamment vue sur la belle vallée de Massevaux et sur les
hautes crêtes qui la dominent. On passe ensuite au-
dessus des deux lacs murés des Neuweyer, également
utilisés par l'industrie, et situés à une faible distance
l'un de l'autre; ils sont très poissonneux; de plus ils
offrent des sites que les peintres ont reproduits souvent, et fait figurer avec honneur aux expositions.

Enfin on atteint les pâturages et le sommet du
Gresson, dont l'altitude est de onze cent vingt-quatre
mètres. Dans toute cette excursion, le voyageur n'a
pas cessé de jouir des gazons veloutés, ni des concerts
harmonieux qui se donnent sous les bois, étonné de
trouver une végétation si vigoureuse à une altitude si
considérable.

Le chalet du Gresson est à peu de distance du point
culminant dont l'horizon embrasse une grande partie
de la Lorraine et de l'Alsace, le Jura, la forêt Noire

et la Suisse. Mais la montagne la plus rapprochée est le Ballon d'Alsace ; le signal qui en marque le sommet est visible au milieu de vastes pâturages.

Il me reste à vous décrire la course à Ventron et au Drumont, que j'ai faite bien souvent.

Le Drumont forme une cime arrondie, haute de douze cent vingt-six mètres. Il offre une très belle vue sur la vallée supérieure de Saint-Amarin, ainsi que sur les montagnes qui avoisinent le Ballon de Guebwiller. Il faut surtout s'y trouver après une pluie d'orage qui a purifié le ciel : son sommet est inondé de lumière ; à son flanc est suspendu le chalet, au milieu des pâturages les plus opulents ; et le bleu d'azur du firmament, les rayons dorés qui·illuminent la verdure foncée des gazons nuancent admirablement le paysage. Ajoutez à cela de légers brouillards, qui surgissent des régions moyennes occupées par les forêts, se déroulent dans les airs, se balancent autour de la montagne, drapant une partie de sa surface et lui formant une magnifique auréole, et s'évanouissent enfin dans les régions lumineuses du ciel.

Je fus un jour envoyé chez le percepteur, à Bussang, où je devais ne me présenter qu'à deux heures du soir. J'avais donc largement le temps de prendre, comme on dit, la route la plus longue. De Kruth, je me dirigeai, par la route de Saint-Nicolas ou de Ventron, vers les montagnes. Cette route, une des plus élevées des Vosges, est très pittoresque et ne peut manquer d'intéresser vivement le touriste. Elle part de l'église de Kruth, et offre jusqu'à Ventron un développement

de douze kilomètres. A la première demi-lieue, on a
une très jolie vue sur les villages de Kruth et d'Oderen;
mais peu à peu la route pénètre dans les rochers, et
enfin dans une sombre forêt de sapins. Un torrent au
lit profond et rocailleux gronde dans les gouffres
inaccessibles, jadis bien redoutés des voituriers et
des voyageurs. Voici, au milieu d'un site des plus sauvages, la chapelle de Saint-Nicolas, adossée aux rochers, entourée de précipices et presque dérobée à
la vue par les hauts sapins. Les vieillards du pays
prétendent que dans ces environs se trouvait jadis
l'unique cimetière de la vallée, et croient voir encore
sous les arbres séculaires les tumulus des anciens
tombeaux. Ce lieu devait présenter alors un aspect
bien funèbre. Il était naguère habité par un ermite,
qui, aux jours de tempêtes et de neiges, sonnait la
cloche de son ermitage pour guider les voyageurs.

A mesure qu'on approche du col, la vue tantôt
s'étend au loin et tantôt se trouve arrêtée ; mais le site
garde son cachet sombre et austère. Pourtant une
ferme entourée de champs et de prairies, qu'on rencontre au bord de la route, et quelques clairières,
égayent un peu cette solitude.

Pour moi, je ne passe jamais en ces lieux redou-
tables sans me souvenir des angoisses que j'y éprouvai
certain jour d'hiver.

Je revenais du Thillot. Au lieu de m'en retourner
par le tunnel de Bussang, je remontai le vallon de la
Hutte, et j'aboutis, par la ferme du Strœssel, à l'ancienne route de Ventron; je le crus du moins. Il y

avait plusieurs pieds de neige dure et glacée, et le froid était extrême. Après une bonne demi-heure de marche, et alors que déjà tout était plongé dans les ténèbres, je vis des rochers s'élever autour de moi; mon chemin devint extrêmement inégal, et parfois descendait à pic. Je glissais parfois avec ma canne et mes souliers ferrés jusqu'au bas de ces pentes. Je me suis un peu fourvoyé, me disais-je; sans doute j'ai quitté la route, qui n'est point frayée en ce moment, et je me trouve dans un sentier escarpé, il est vrai, mais direct.

Depuis quelque temps cependant j'entendais sous mes pieds un petit bruissement, comme un essaim d'abeilles; bientôt ce fut un mugissement sourd. Hélas! je ne pouvais plus m'y tromper : je me trouvais sur le cours du torrent, enfoui dans la glace; je savais les gorges affreuses qu'il traverse et les nombreuses cascades qu'il forme en tombant des rochers.

Au premier moment mes genoux fléchirent, et je sentis la sueur ruisseler sur mon front. Je ne pouvais revenir à mon point de départ, et les ravins qui avoisinent le torrent sont beaucoup trop escarpés pour qu'on puisse les escalader en hiver sur les traînées de glace. Il n'y avait pas à hésiter : j'étais obligé de suivre le torrent dans sa course jusqu'au sortir des montagnes. Je recommandai mon âme à Dieu, et éloignai de moi la pensée de ma femme et de mes enfants.

Dire ce que j'eus à souffrir dans ces heures terribles est chose impossible. Les noirs gouffres étaient là tout béants sous mes pieds, et il me fallait les traverser.

Au-dessus de moi se dressaient les rochers, auxquels étaient suspendus des glaçons dont les débris pouvaient, en tombant, me fracasser la tête; aux alentours, des sapins chargés de neige me dérobaient la vue du ciel; leurs branches, quand je m'y accrochais, me couvraient de vraies avalanches.

Tantôt, perdant pied, j'étais précipité jusqu'à ce que je pusse me cramponner à quelque arbuste; tantôt j'étouffais presque dans les ravins comblés par des neiges encore molles; tantôt la glace qui formait une voûte d'un rocher à un autre menaçait de se rompre sous mes pieds, et de me jeter au fond des précipices. Je rampais alors sur les mains. Dans ce silence de mort, je n'entendais plus que les battements de mon cœur.

La lune, qui se leva vers dix heures, vint heureusement me tirer des ténèbres, mais en même temps elle me fit voir ma triste situation. Parfois il me fallait faire un saut périlleux : je restais suspendu quelques minutes à une branche de sapin ou à quelque saillie de rocher; ensuite, invoquant Dieu dans les angoisses de mon âme, je me laissais glisser.

L'horloge de Kruth sonna minuit quand j'aboutis aux prairies de la vallée, après avoir passé les heures les plus effroyables de ma vie. Dieu n'avait pas permis que le lit d'un affreux torrent devînt ma tombe, et que mon corps, privé d'une sépulture chrétienne, servît de pâture aux oiseaux de proie. Aussi n'ai-je plus traversé ces parages sans faire une fervente prière.

« Tu es bien pâle, mon pauvre Joseph, » me dit ma

femme à mon retour. Mais, quand elle vit mes habits déchirés et mes mains teintes de sang, elle soupira, et ne m'interrogea plus.

Revenons à mon voyage au Drumont. Je vous parlais tout à l'heure de la route de Ventron et des sites qu'elle traverse. Vers le haut du col, élevé de huit cent quatre-vingt-quatorze mètres, après de nombreuses sinuosités et des passages tristement célèbres par plus d'un malheur, elle longe une vaste moraine. Des rochers à l'aspect antique et hauts comme des tours se voient de toutes parts; ils semblent vouloir écraser le passant. Des touffes de houx épineux et de genévriers poussent à vos pieds, et un vent assez violent règne presque constamment aux alentours de cette vaste porte pratiquée par la nature dans le sein des montagnes.

Cependant la route s'incline; ses replis serpentent vers la vallée sauvage de Ventron; enfin elle atteint le pied des monts, et vous entrez à Ventron, premier village de Lorraine. Dans ses profondes forêts, on va visiter la cellule du bienheureux P. Joseph, ermite, mort au siècle dernier en odeur de sainteté.

Au chalet de Strœssle, j'abandonnai la route pour escalader le Drumont, dont la belle cime ronde est visible à chaque éclaircie. J'arrivai au sommet par un temps admirable, et m'assis au milieu des herbes encore humides de rosée. En suivant une ligne horizontale, je voyais, par-dessus la trouée du col de Ventron, le chalet de Felsach et les pâturages du grand Ventron; plus bas, c'était la route avec ses nombreux lacets : sa blancheur contrastait avec les sombres forêts de sapins qu'elle traverse; dans le fond émergeaient les villages de la vallée avec leurs clochers étincelants; au lointain se dessinaient les montagnes de la basse Alsace, les vallées et les plaines de la Lorraine, sans compter les Alpes, dont les glaciers resplendissaient au soleil. Mais à l'extrémité de la vallée de Saint-Amarin, à la montagne de Bramont, mes yeux s'arrêtaient principalement sur une demeure couverte de tuiles depuis quelques années : c'était ma maison paternelle. Que de souvenirs elle réveillait en moi! Mes yeux croyaient encore y découvrir mes bons parents et le joyeux essaim d'enfants qui depuis longtemps était dispersé! J'avais alors cinquante ans, et, malgré ma vie de labeurs, je croyais n'avoir vécu qu'un jour. Avec quels yeux attendris je voyais cette chère demeure de mes jeunes années! Les objets de mon affection n'y étaient plus ; mais je les ressuscitais par le souvenir; je les remettais en leur place, et pour un moment, grâce à une heureuse illusion, la cabane du Bramont fut animée par les créatures qui m'étaient chères. Au-dessus de moi je voyais un nuage d'or, frangé de velours et de satin; déjà cependant les nuances ternes et sombres qui devaient l'envahir grandissaient dans son intérieur; enfin la couleur du deuil le couvrit complètement. N'était-ce pas une image de notre existence terrestre?

Je m'arrêtai longtemps à ces réflexions avant de descendre vers Bussang. Après avoir dépassé le chalet

qu'on appelle le Drumont lorrain, j'arrivai au milieu
de la forêt, à un des affluents de la Moselle, au ruisseau du Tay, qui me conduisit à destination.

En revenant de Bussang, je remontai la vieille route
jusqu'au tunnel, et je pris la direction de l'admirable
chemin forestier dont je vous ai parlé tout à l'heure.
Dans cette forêt, les fleurs rares, les tendres gazons
et les volées d'oiseaux chanteurs sont bien plus abondants que les rochers; aussi est-ce une jouissance de
parcourir ce chemin jusqu'au haut de la montagne.

Arrivé à la crête, je m'acheminai vers le chalet du
Drumont alsacien, en descendant des pâturages escarpés où se produisent souvent des avalanches en hiver.
J'y trouvai un de mes cousins, marcaire depuis quelque années; nous eûmes beaucoup de plaisir à nous
revoir. Il venait de faire rentrer le troupeau pour traire
les vaches; il s'arrêta une demi-heure auprès de moi,
discourant sous la porte.

Quand je le quittai, le soleil était à son déclin, et
déjà les parois escarpées projetaient leur ombre sur le
chalet et la vaste pelouse de verdure qui l'environne.
Je courus à travers la forêt qui s'étend entre les pâturages et le hameau du Schliffels. Au crépuscule, j'atteignis les premières cabanes, et là je rencontrai, au
bord du ruisseau, le pêcheur Hannes avec sa hotte
de truites au dos. C'était un vieil ami; il m'accompagna
jusqu'à sa demeure. J'achetai, au compte de nos messieurs, toute sa provision de truites, ce qui le mit
en bonne humeur. Aussi me versa-t-il ce qu'il appelait un breuvage divin, c'est-à-dire de l'eau-de-vie

de myrtille et d'églantine, qu'il avait lui-même dis-
tillée.

Le pêcheur Hannes habitait une chaumière dont
la toiture était une vraie prairie où croissaient les
mousses, les fleurs et même le petit sorbier. Aux alentours de la demeure champêtre végétait un vrai chaos
de pommiers, de poiriers, de pruniers, de sureaux, de
vigne vierge, de lierre touffu, de plantes entrelacées.
Hannes n'avait garde d'y toucher, et les roitelets, les
merles et les pinsons nichaient au bord de sa fenêtre.

Le hameau du Schliffels est commandé par la cime
verdoyante et bombée du Drumont, et a pour horizon
immédiat le fond de la vallée de Saint-Amarin. Encaissé dans les rochers et les pâturages, fertilisé par
un ruisseau, il forme un petit paysage si attrayant, si
paisible et si solitaire, que le voyageur éprouve une
peine réelle de s'en éloigner.

Ces belles montagnes, où l'on peut si bien fortifier
sa santé dans d'agréables et faciles excursions, sont
de nos jours trop peu goûtées de nos jeunes gens.
Maintenant les voitures remplacent les jambes, au
détriment de la santé ; la goutte, les rhumatismes
sont souvent la punition d'une vie qui n'a jamais connu
de fatigues; on ne les rencontre guère dans les classes
laborieuses : comment, en effet, s'accommoderaient-
ils du mouvement, du travail et de la sobriété? La
cabane du pauvre, la demeure de l'artisan, la maison
du travailleur, ne sauraient les loger.

UN DRAME

A LA ROCHE-AUX-HEURES

UN DRAME

A LA ROCHE-AUX-HEURES

Il existe dans notre pays un endroit où rarement
un homme met le pied : c'est le Herz, situé sous le
Rothenbach. A perte de vue l'on ne découvre que moraines. En certains endroits le site est plus sombre
qu'un désert.

Un torrent, à sec en été, traverse le milieu de cette
vaste région pierreuse, qui finit au haut des monts par
un dédale de rochers remarquables, visibles depuis
le fond de la vallée. Mais au-dessus des rochers qui
plongent dans le firmament s'étend une région de pâturages ; on lui a donné le nom de Herz, parce que,
vue de notre village, elle affecte exactement la forme
d'un cœur ; elle s'étend jusqu'à treize cents mètres
d'altitude, et on y trouve beaucoup de plantes subalpines. Or il existe au milieu de ces immenses champs

de pierres mouvantes des oasis formées par des érables, des hêtres et d'autres arbres amis de la nature
aride.

Avant 1852, époque à laquelle se rapporte mon
récit, cette région n'avait jamais été exploitée. La
commune décida enfin qu'on y ferait une coupe.
Mais comment s'y prendre, sur un terrain mouvant,
presque à pic?

Les entrepreneurs hésitaient, et abandonnaient finalement le projet, malgré les prix élevés que la commune offrait pour l'exploitation. Enfin le bûcheron
Simon m'en parla un certain dimanche, et nous con-
vînmes de faire l'entreprise en commun. La coupe
nous fut donc adjugée, et une indemnité nous fut
assurée pour la construction du chemin de schlitte.

L'ancien voisin Hans, qui commençait à grisonner,
fut le premier, avec deux de ses fils, qui consentît à
s'adjoindre à nous. Peu à peu un nombre respectable
de schlitteurs se présentèrent; les forêts commençaient à verdir; au haut du Herz, la neige fondait à
vue d'œil, et il était temps d'entreprendre le travail.

Quand on apprit dans la commune ce que nous
allions tenter, la consternation fut générale. Les
femmes et les enfants pleuraient; les vieillards ho-
chaient la tête; tout le monde nous considérait comme
des victimes.

Notre vénérable curé l'ayant appris, se mit à relever les courages abattus. « Soyez prudents, disait-il,
Dieu fera le reste. L'homme n'est-il pas exposé partout
à la mort? »

Le soir de la première journée de travail, beaucoup
de nos amis vinrent à notre rencontre : aucun bûcheron ne manquait à l'appel; rien de fâcheux à signaler.
J'avais pris en main la direction de cette périlleuse
entreprise, et je veillais rigoureusement aux mesures
de précaution; ici surtout il s'agissait d'appliquer le
proverbe : « Hâtez-vous lentement. » Sous l'impulsion
de nos pas, des ares entiers de pierres mouvantes se
mettaient en marche et glissaient vers la vallée; les
blocs les plus gros se détachaient, et roulaient avec
un fracas horrible. On tâchait en général, pour éviter
ces blocs roulants, de se maintenir sur une même
ligne horizontale, et quand ils se précipitaient, bri-
sant les buissons et même les arbres sur leur passage,
on poussait des cris pour avertir du danger. Lorsqu'un de ces projetiles se détachait, on l'évitait par
un saut de côté, ou bien on s'effaçait derrière un
gros arbre.

Je ne puis dire combien il nous fallut de persévé-
rance pour mener à bonne fin notre entreprise. C'était
effrayant de voir les vieux troncs des érables rouler
avec fracas en bas des rochers, et entraîner chaque
fois une avalanche de pierres; le bruit en retentissait
au loin dans la vallée. Pour nous rendre à notre poste,
nous n'avions aucun sentier : la hache attachée au
dos, nous grimpions chaque matin à travers les moraines, et nous redescendions le soir, la nature du
terrain ne nous permettant pas de construire une
barraque.

A la longue, cette vie dans les moraines nous offrit

aussi des charmes. Le merle doré, le chardonneret,
le bouvreuil, animent chaque buisson ; le pigeon ramier
roucoule au faîte de l'érable. Des troupeaux de che-
vreuils en quête d'une source défilent devant vos
yeux : dans ces régions peu accessibles à l'homme, ils
sont moins farouches qu'ailleurs. La fauvette se niche
dans les mousses du rocher ; la martre, la fouine, le
blaireau, habitent les endroits ombragés. Des forêts
de noisetiers nourrissent les écureuils de leurs fruits
savoureux, et les sorbiers offrent leurs baies purpu-
rines à des légions d'oiseaux.

Si vous dirigez vos regards vers les hauteurs du
Herz, vous remarquez au milieu de la forêt, trois
énormes rochers superposés ; c'est comme un escalier
de géants. On les appelle les Roches-aux-Heures parce
que l'ombre les atteint en hiver à trois heures, en
mars et en septembre à cinq heures, en juin à sept
heures du soir. Aussi les gens du pays qui vont chercher de l'herbe ou du bois dans les montagnes et les
personnes occupées dans les champs savent-ils, par
l'examen de l'ombre, l'heure très exactement. Notre
chemin de schlitte passait au-dessus de la Roche-aux-
Heures, et, quand nous défilions en cet endroit avec
nos schlittes chargées, le précipice sous nos pieds,
quand surtout nous songions que le moindre accident
pouvait nous lancer dans l'abîme, nous ne pouvions
nous défendre d'une vive émotion.

Le chemin de schlitte avait été d'ailleurs difficile à
construire au milieu des moraines escarpées, et souvent il nous arrivait de le trouver enseveli sous une

chute récente de pierres. C'est pourquoi l'un de nous
précédait les bûcherons en qualité d'éclaireur, et
quand un accident s'était produit, il donnait un signal,
afin que chacun de nous pût à temps arrêter la marche
de son traîneau.

Parmi les bûcherons, un de ceux que j'estimais le
plus, c'était le brave Simon, travailleur intelligent et
infatigable. Il était humain et compatissant; à chacun
de nos repas, composés ordinairement de pain, de
pommes de terre et de fromage, il répandait des
miettes pour les oiseaux de la forêt. Plus d'une fois
il avait grimpé au haut d'un arbre destiné à tomber
sous la hache, et était descendu disant : « Attaquons
un autre tronc, car celui-ci porte une nichée de geais,
ou de pinsons; demain peut-être les petits seront en-
volés, et il sera encore temps d'abattre leur maison. »
Hélas ! une imprudence devait lui coûter la vie.

Un jour, non loin de la Roche-aux-Heures, nous
étions occupés à dégager un sapin d'une crevasse de
rocher. Je proposai de soulever la cime de l'arbre et
de lui imprimer ainsi un mouvement de conversion
qui le dégagerait; Simon objecta que ce moyen nous
coûterait beaucoup de temps; puis, saisissant un gros
bâton, il se glissa au-dessous du tronc. « Simon, Simon, ne faites pas d'imprudence; revenez à nous »,
lui dis-je, et les bûcherons présents criaient tous :
« Revenez. » Je courus vers lui pour l'empêcher d'aller
plus loin. Mais déjà il avait piqué son bâton sous le
tronc énorme; aussitôt un grand bruit, dont le seul
souvenir me fait encore frissonner, ébranla toute la

montagne : le tronc roulait en bas du rocher, renversant, précipitant devant lui le malheureux Simon.

Un cri de terreur s'échappa de toutes les poitrines ; nous nous élançâmes vers le ravin où le sapin était descendu : nous le trouvâmes arrêté sur un petit plateau et profondément enfoncé en terre par une extrémité. Simon était là, pâle, les mains crispées, adossé à un massif de jeunes hêtres. Il n'avait point perdu l'usage de ses sens, et dès qu'il m'aperçut il s'écria : « Mon cher Joseph, si je t'avais écouté ! » et ajouta : « Courez vite appeler un prêtre, car mon sort est fini. » Tirant de sa poche une pipe sculptée, il la passa au bûcheron Toni, et dit : « Prends cela en souvenir de moi, je ne fumerai plus. »

Nous étions là, consternés, tremblants d'émotion, et au premier moment aucun de nous ne put faire un pas. Enfin le plus résolu de nous se mit en route pour aller chercher le prêtre au village. Nous pleurions ; mais Simon nous dit : « Pourquoi pleurez-vous, mes amis ? Je suis veuf depuis dix ans, je vais rejoindre ma chère femme, et je ne laisse point d'orphelins ».

Impossible, à l'endroit où nous étions, de trouver une goutte d'eau, et de plus nous ne pouvions descendre notre pauvre ami par le chemin de schlitte, beaucoup trop long. Nous arrangeâmes donc une civière avec des branches de sapin, et nous transportâmes ainsi le blessé, Dieu sait au prix de quelles peines, à travers les moraines et les escarpements, jusqu'au chemin de la vallée. Quand nous arrivâmes au coude que forme le Thur en sortant de la forêt, à l'endroit habité alors par le charbonnier Feder, le prêtre accourant déjà vers nous, alors Simon nous dit : « Laissez-moi seul avec lui ; car mon heure approche. » Là, sous les hêtres séculaires qui ombrageaient la hutte du charbonnier, il reçut avec une grande piété les derniers sacrements. Quel spectacle émouvant de voir tous ces montagnards agenouillés alentour ! Le bon prêtre avait apporté avec lui tout ce que ses ressources lui avaient offert. Simon consentit à prendre un peu de vin, mais ne voulut pas se faire transporter plus loin. Le prêtre ne cessait de réciter des prières, que notre ami et nous récitions à voix basse. Bientôt une hémorragie se déclara, et une demi-heure après le blessé avait cessé de vivre. Nous l'emportâmes au village, au milieu d'un morne silence ; le prêtre récitait les psaumes des morts.

Ce triste événement nous affligea beaucoup, et effraya nos familles et tout le village ; aussi pendant plusieurs jours personne ne parla plus de retourner à la coupe du Herz. Quand enfin nous reprîmes notre travail, la forêt nous paraissait lugubre, et la chute de chaque tronc nous faisait frissonner. Aussi avions-nous hâte de finir la besogne : avant la fin de l'été, les quelques centaines de cordes de bois fournies par la coupe furent descendues au chantier. Sans la mort du brave Simon, nous eussions joyeusement fêté ce moment, car nos gains étaient considérables, et la belle saison nous avait toujours favorisés. Depuis ce temps, je n'ai plus visité les solitudes de la Roche-aux-Heures.

VOYAGE D'UN OCTOGÉNAIRE

VOYAGE D'UN OCTOGÉNAIRE

Il me tarde enfin de vous décrire le voyage que j'ai
fait naguère au Ballon de Guebwiller, à l'âge de
quatre-vingts ans.

L'été dernier, je partis avec toute une société, non
plus en qualité de guide, mais pour répondre à une
invitation et accompagner des amis, parmi lesquels
se trouvait un septuagénaire.

Notre sentier nous conduit immédiatement au-
dessus du village de Wildenstein. Une terre semée de
rocailles et de moraines nous environne; des milliers
de cailloux roulants rendent notre marche pénible
au commencement. Parfois un bloc à la masse impo-
sante, une muraille de rochers tombant de vétusté,
un ruisseau se précipitant des hauteurs excitent notre
attention; mais nos regards se portent de préférence
sur le fond de la vallée, qui est si pittoresque.

Suspendus à une paroi escarpée, nous voyons le village à vol d'oiseau, et certes ce dernier relais habité, partout enveloppé de hauteurs menaçantes, de rocs mal affermis, vous étonne et vous absorbe longtemps. Plus d'une fois des blocs détachés des montagnes ont enfoncé la toiture d'une maison ou tué des habitants. Et cependant ce site sauvage, cette terre ingrate, vous paraît un Éden : c'est que vous la voyez avec les yeux du montagnard, et vous sentez dans votre cœur qu'elle est le sol sacré du pays natal. Qu'apercevez-vous, en effet, dans cet horizon? La chaumière de vos ancêtres, la terre qu'ils ont fécondée de leurs sueurs, la petite église qui vous rappelle une première communion, une fête religieuse et champêtre, la tombe de vos aïeux, le ruisseau qui baigne votre patrimoine, l'ombrage touffu de quelque arbre où vous entendiez les hymnes du printemps, le pan de colline où un ami vous a dit un adieu peut-être éternel. En un mot, chaque parcelle de terrain est consacrée par un souvenir; chaque buisson, chaque pierre, chaque mousse vous parle et vous tient un langage bien doux.

Quelques oasis de verdure, situées sur des précipices, égayent nos yeux jusqu'à ce que le sentier atteigne la forêt. Quand nous sortons des sombres voûtes des sapins, nous sommes dans les gras pâturages du Schaffert : ce n'est tout l'été qu'un riant parterre de fleurs.

Nous continuons, après avoir dépassé le premier chalet, à nous élever vers la crête. Le sentier, tantôt ombragé par des sapins isolés, tantôt bordé de buissons, et toujours de myrtilles, suit les caprices de la montagne, et vous offre à chaque instant un nouvel horizon. Enfin, après deux heures de marche, on arrive aux chalets du Hahnenbrunn. On plane entre la vallée de Saint-Amarin et celle de Munster, dont les premières fermes sont déjà visibles.

Du Hahnenbrunn, et toujours en maintenant les hauteurs, nous nous dirigeons vers le sud-est. Déjà le sommet du Ballon domine ce vaste panorama des montagnes. La vue s'étend constamment jusqu'à des regions lointaines; nous sommes à environ douze cents pieds d'altitude.

De temps en temps, pour admirer un coin du magnifique paysage qui se déroule, on s'assied sur l'herbe, on sonde du regard les recoins des vallées et les dernières brumes de l'horizon, puis on continue d'avancer vers le géant. Quand nous sommes au sommet de la crête du Steinlebach, à environ douze cent soixante mètres, nous descendons au chalet qui est au-dessous de nous. C'est un des plus propres et des plus grands de la chaîne des Vosges; il abrite environ quatre-vingts vaches laitières; on y trouve du bon vin, des liqueurs, et au besoin un gîte dans le grenier, à côté des racines de gentiane étendues pour sécher avant que d'être distillées.

Vis-à-vis du Steinlebach, on remarque les hauts pâturages et le chalet du Lauchen, situé dans la vallée de Guebwiller.

En quittant le chalet on regagne les hauteurs par un chemin accessible aux voitures, et l'on avance vers le Markstein par un pli de terrain souvent encore rempli de neige à la fin du mois de juin ou de juillet : c'est la Mulde, glacier temporaire. En ce moment, le soleil en fait découler un vrai ruisseau. Je vois la neige fondre à mes pieds; j'en examine le bord : la croûte en devient de moins en moins épaisse; enfin le gazon, roussi par le manteau glacé qui l'a enveloppé pendant plusieurs mois, paraît à la lumière. J'aperçois aussi un insecte, que sans doute l'hiver et la tempête avaient surpris et enterré vivant. A peine a-t-il senti un rayon de soleil qu'il ressuscite à la vie; secouant ses ailes frissonnantes, il s'envole en bourdonnant, flotte quelques instants dans l'air tiède et parfumé, puis entre dans le calice d'une fleur. Quelle résurrection facile et merveilleuse!

Nous passons au-dessus des beaux chalets du Markstein, situés sur le territoire de Ranspach, et nous suivons la crête vers le Hofried, dont le chalet a été récemment consumé par le feu.

Ce que l'on ne saurait assez admirer, ce sont les innombrables pensées et les violettes qui s'épanouissent dans ces hauts gazons; leurs nuances varient à l'infini; chaque fleur, chaque pétale est enrichi de teintes multiples : on dirait ces parterres nés de l'arc-en-ciel.

Enfin nous sommes près de la dernière cime qui nous barre le chemin du Ballon : c'est la tête rocheuse du Mordfeld, à douze cent quarante-trois mètres. Nous y faisons une halte assez longue. Sur tout notre parcours, nous jouissons constamment de la vue de

notre belle vallée : les villages de Kruth et d'Oderen,
de Fellering, d'Urbès ; puis Wesserling, enfoncé dans
ses tilleuls et toujours si coquet, si plein de vie et de
lumière ; ensuite Mitzach, adossé aux montagnes,
ainsi que le bourg de Saint-Amarin et ceux de la
basse vallée, charment tour à tour les regards, sans
compter les vallées de Munster, de Guebwiller, le panorama des Vosges, la plaine d'Alsace et les monts
de la Suisse.

Deux souvenirs lugubres se rattachent aux immenses
champs gazonnés du Mordfeld. En 929, les Hongrois,
qui dévastaient alors l'Alsace, arrivèrent à la célèbre
abbaye de Murbach. Tout fut saccagé ; mais sept religieux s'étaient échappés par les montagnes. Les Ma-
gyares, supposant qu'ils emportaient des trésors, les
poursuivirent, les atteignirent et les massacrèrent en
ce lieu même, appelé depuis Mordfeld, c'est-à-dire
Champ-du-Meurtre.

L'autre souvenir date d'environ soixante-dix ans.
Un matin, les marcaires du Mordfeld, en entrant à
l'étable, trouvèrent toutes les vaches baignées dans
leur sang : une main criminelle leur avait, dans la
nuit, coupé les queues. Le chalet fut alors entouré
d'une haute muraille, dont les restes se voient encore
aujourd'hui.

En quittant le Mordfeld pour aller au Ballon, on
suit un sentier de gazon ; et on entre dans une forêt
rabougrie : c'est une des plus élevées de l'Alsace, et
il n'est pas rare d'y voir des coqs de bruyère. Vers le
milieu de cette forêt, on commence à s'élever jusqu'au

chalet du Hag, et, avant d'arriver au mur qui délimite les deux vallées de Saint-Amarin et de Guebwiller, on aperçoit, dans un sombre entonnoir profond de plusieurs centaines de mètres, le lac du Ballon, dont les eaux reflètent les nuages, les sapins et les rochers. Tout alentour s'étend une vaste solitude, une chaîne continue de précipices qui ne finissent qu'aux prairies du Florival.

La plupart des touristes traversent la forêt d'où nous sortons pour visiter la ferme de la Roll : là, au bord des derniers gazons, et sous l'ombrage des sapins odorants qui s'élèvent à côté de cette demeure des bois, ils prennent d'habitude leur repas : lait, beurre, œufs, truites, viandes et vin forment le menu ordinaire ; le dessert, la montagne le fournit : ce sont les fraises, les myrtilles et les framboises, qui poussent partout, sans compter les cerises, que la ferme récolte en abondance.

Le chalet de Hag, un des plus élevés des Vosges, est situé sous le sommet du Ballon, dont nous escaladons la vaste rotonde. On monte, on monte toujours ; on croit toucher au sommet ; mais le gazon bombé qui s'étend au-dessus de vous ne finit pas ; vous êtes condamné au supplice de Tantale. Enfin vous atteignez le refuge du Ballon, bâti par le club vosgien ; à une centaine de pas au-dessus, une perche vous indique le point culminant de la montagne, qui est aussi le point le plus élevé de toutes les Vosges : nous sommes à quatorze cent trente et un mètres de hauteur.

Je m'éloignai un instant du groupe de mes amis

pour contempler, une dernière fois peut-être, ce vaste horizon. Ainsi Dieu m'avait accordé la faveur d'escalader, à l'âge de quatre-vingts ans, ce trône de sa gloire; je voyais étendu sous mes yeux le pays théâtre de mes luttes, de mes travaux, le pays de mes souvenirs, et que j'avais tant arrosé de mes sueurs, souvent aussi de mes larmes. Des peines passées il ne m'est resté que la satisfaction du devoir accompli; et, croyez-m'en, mes amis, si je redevenais jeune, je n'en retrancherais pas une seule. Ah! me disais-je, si je pouvais revenir à l'âge de trente ans, me voir encore la charge au dos, courant vers les montagnes natales où m'attendraient mes petits enfants et ma femme, que je serais heureux! Mais il ne m'est demeuré de ce bonheur que le souvenir : ma chère Marie-Anne est depuis dix ans au champ du repos; la plupart de mes amis y sont aussi, et moi-même j'y ai déjà marqué ma place, toujours résigné à la volonté de la Providence; elle seule pourra me récompenser de mes labeurs. Quand je vois ce ciel où voguent les nuages, où dans quelques heures brilleront les étoiles dans l'azur toujours pur, je sens les liens qui m'attachent à la vie terrestre se relâcher, et je me dis : Évidemment cette vie disputée à toutes les chances du sort, de la misère et du travail n'est qu'un temps d'épreuves, et alors il me semble voir la compagne de ma vie me sourire et me dire : « Courage, Joseph, courage jusqu'au bout; nous nous reverrons dans une magnifique vallée où les frimas, les souffrances, les inquiétudes, les larmes et la faim sont inconnus; nous vivrons éternellement dans les splendeurs de Dieu, et jamais plus la mort ne pourra nous séparer ! »

Telles étaient, mes amis, les réflexions que je faisais en moi-même pendant que mes yeux contemplaient ces beaux pays de l'Alsace, de la Lorraine, de la Suisse et de la forêt Noire.

Mais il est temps de retourner auprès de mes amis, assis en rond autour de la perche qui marque le sommet. On fait un appel vigoureux au reste des provisions ; car ni l'appétit ni la bonne humeur ne manquent par un si beau jour.

A une centaine de pas du refuge se trouve un rocher d'où l'on aperçoit le lac du Ballon, dont les eaux, d'un vert foncé, servent à alimenter les usines de la vallée. Vauban y fit en premier lieu une digue pour les utiliser au profit du canal de Rouffach, destiné à transporter des pierres pour la construction de Neuf-Brisach. Mais, en 1740, toute une forêt de sapins, minée par de longues pluies, glissa des pentes escarpées et se précipita dans le lac. Le 21 décembre, ce lac, que les débris de l'éboulement avaient rempli, fit irruption dans la vallée, causant des dégâts incalculables. Un bûcheron, qui se trouvait alors dans la forêt du Ballon et qui avait vu l'éboulement se produire, avait eu heureusement le temps d'en prévenir les gens de la vallée avant que le lac eût rompu sa digue. Les eaux, se précipitant à travers les ravins, emportèrent des rochers entiers, tous les arbres de la forêt, plus trois mille cordes de bois déjà façonné.

Au fond du vallon de Liorthal, l'immense mer écu-

meuse fut arrêtée un moment par les décombres des
forêts et des maisons, et s'éleva au point de raser la
porte d'entrée d'un couvent de femmes bâti sur la
montagne. Ensuite tout le chaos s'ébranla vers la
vallée; tout fut anéanti sur son passage. A Guebwiller
même, une rue entière de la ville fut enlevée; à Isen-
heim, dans la plaine, douze maisons furent encore
arrachées. Les signes de cette catastrophe seront visibles pendant des siècles.

Néanmoins on fit exécuter, vers 1865, un canal
souterrain qui permettra désormais, sans danger,
d'utiliser ce réservoir de soixante-quinze mille mètres
carrés; depuis l'irruption de 1840, il ne possède plus
guère que la moitié de sa surface et la moitié environ
de sa profondeur, qui dépasse à peine trente mètres.

Malgré son altitude, le lac du Ballon est très poissonneux; ses truites servent à régaler les promeneurs
de la Roll. Une belle route forestière y conduit depuis
Linthal, et traverse constamment d'admirables solitudes. Le ruisseau qui s'échappe du lac commence sa
course en se précipitant de hauts rochers; il fait retentir toutes les forêts du bruit de ses eaux, et disparaît au milieu des sombres sapins et des gorges
menaçantes qui forment son cortège habituel.

Mais le soleil s'incline vers l'occident; il est temps
d'abandonner les hauteurs. Nous nous dirigeons d'a-
bord vers le chalet du Ballon, situé à une demi-lieue
du sommet de la montagne : il abrite au moins cent
vaches. En suivant ces pâturages, on arrive aux ruines
si pittoresques du Freundstein, assises sur un préci-

pice. Il existe sur le château du Freundstein une
légende qui rappelle celle du château de Wildenstein ;
toutefois elle est plus consolante et honore davantage
l'humanité.

Vers le xii° siècle, le château du Freundstein était
habité par le chevalier Walther, âgé de vingt-cinq ans,
dont la devise était : « Plutôt la mort que le déshonneur! » Souvent il avait pris la défense du faible et de
l'opprimé; souvent aussi il avait remporté le prix dans
les tournois. Il était aussi beau de figure que noble de
caractère, et se montrait la providence du pays. Partout son nom était craint et vénéré. Il trouva une
épouse digne de lui : c'était la noble Bertha, fille d'un
seigneur distingué.

- Un an plus tard, il naquit aux heureux époux une
petite fille belle comme un ange : on l'appela Rosamunda. Une maladie de langueur s'empara malheureusement de la vertueuse Bertha ; la mort l'arracha,
six ans plus tard, des bras de son époux éploré.

A partir de ce moment, le chevalier Walther, sur-
montant sa douleur avec un courage héroïque, con-
sacra tous ses instants à l'éducation de son enfant, à
laquelle sa pieuse mère avait bien inculqué la devise :
« La mort plutôt que le déshonneur! » Rosamunda
était le portrait vivant de sa mère, et devint comme
elle l'ange tutélaire des pauvres. Walther se consolait
quelque peu de son infortune, quand il voyait sa chère
Bertha dans les yeux de son enfant, qui devint la perle
de l'Alsace. La réputation de ses vertus et de sa beauté
se répandit au loin, et bientôt les chevaliers les plus

Walther planait à cheval avec sa fille sur le précipice.

méritants du pays vinrent animer par leurs visites le château du Freundstein.

Un jour, Walther fut douloureusement surpris de voir entrer le seigneur de Geroldseck, renommé pour sa dureté, ses injustices et ses brigandages. Dès que ce misérable vit Rosamunda, il fut épris d'une violente passion, à laquelle la noble demoiselle ne répondit que par une froideur invincible.

Au sortir du château, Geroldseck demanda, sans préambule, la main de Rosamunda. « Jamais ma fille n'épousera un seigneur d'aussi mauvais renom que toi, » lui répondit Walther, et Rosamunda se hâta d'ajouter : « Plutôt la mort que le déshonneur! »

Geroldseck put à peine contenir sa colère, salua froidement, et partit en disant : « Seigneur Walther, je vous ferai sentir la force de mon bras. »

Walther devint inquiet; car le chevalier de Geroldseck avait pour lui l'appui de tous les méchants. Néanmoins il se fiait à son courage et au dévouement de ses gens.

Or il arriva que, vers l'an 1250, au mois de décembre, par une nuit sinistre, le signal d'alarme retentit au sommet du donjon du Freundstein : Geroldseck était là avec une troupe nombreuse. Les ponts-levis furent hissés; chacun courut à son poste et se défendit si bien, que l'ennemi fut repoussé. Il se vengea de cet échec en dévastant le pays.

Le lendemain, un mendiant se présenta aux avant-postes du château. Il fut repoussé; mais la bonne Rosamunda, l'ayant entendu se lamenter, en eut pitié, le fit entrer au château, et partagea avec lui le peu de pain qui restait; car, pour comble d'infortune, Geroldseck avait attaqué le manoir au moment où les provisions y étaient épuisées.

Or le mendiant était un espion : il s'empressa de renseigner le seigneur de Geroldseck sur l'état de dénuement où se trouvaient les défenseurs du Freundstein. Aussitôt l'ennemi, revenant de la vallée, vint assiéger une seconde fois le château. Geroldseck lui-même, revêtu de sa noire armure, somma trois fois inutilement le seigneur Walther de lui livrer sa fille. Ensuite il ordonna l'assaut.

Les serviteurs du château, affaiblis par la faim, succombèrent sous le nombre des assaillants. Geroldseck, l'épée à la main et les yeux flamboyants, enjambant les cadavres, se précipita vers Rosamunda, qu'il avait aperçue à une aile du château. Mais là aussi se tenait le seigneur Walther, planant à cheval avec sa fille sur le précipice. Déjà Geroldseck n'était plus qu'à quelques pas de sa victime, lorsque Rosamunda lui cria : « Plutôt la mort que le déshonneur! » Et aussitôt le père et l'enfant disparurent dans les profondeurs. Et depuis, disent les gens du pays, on entend parfois comme une affreuse tempête, et les vieilles ruines du Freundstein en sont ébranlées. Et dans les profondeurs on voit une figure noire qui ébranle la montagne par ses hurlements. Ce fantôme effrayant s'élève vers les hauteurs du château. Mais là surgit la figure radieuse de Rosamunda; une lumière céleste éclaire les alentours, et aussitôt la figure noire du seigneur de Geroldseck s'ensevelit en grinçant dans les ténèbres.

En descendant, nous faisons un long détour pour revenir vers le Ballon, dont nous traversons les moraines du côté de Saint-Amarin. A partir du chalet du Hag, notre chemin est facile, et traverse de belles forêts jusqu'aux pâturages de Geishausen.

Geishausen, bâti, ainsi que Goldbach et Altenbach, entre deux contreforts du Ballon, est à une hauteur de sept cent soixante mètres, et compte près de mille habitants. On y trouve, dans les vallons escarpés, des prairies d'une grande fertilité, grâce aux nombreuses sources qui les fécondent. Néanmoins le sol cultivable n'est pas en proportion du nombre des habitants, et beaucoup d'entre eux vont gagner leur vie dans les communes industrielles de la vallée, à Moosch, Saint-Amarin et Malmerspach, faisant ainsi par les montagnes un chemin d'une lieue, malgré les neiges d'hiver.

En descendant de Geishausen vers Saint-Amarin, on suit un chemin escarpé qui d'abord vous fait traverser une belle forêt de hêtres, et aboutit à de vastes pâturages au pied desquels se trouve le bourg de Saint-Amarin.

La vue dont on jouit au sortir de la forêt est ravissante. Saint-Amarin, avec son clocher byzantin, occupe toute la largeur de la vallée ; les villages environnants, les belles montagnes du Drumont et de Bussang, les flancs escarpés du Hirschenbach, le vallon du Vogelbach avec ses maisons dispersées et

ses riches vergers, tout cela est encadré de verdure,
sillonné de belles routes, arrosé par des ruisseaux,
animé par l'industrie et plein de coloris.

Ce n'est pas sans satisfaction que nous remettons le
pied sur la route de la vallée, après une descente de
mille trente mètres; car Saint-Amarin est à quatre
cents mètres d'altitude.

Là finit notre course dans la montagne, qui m'a
fait goûter une dernière fois les souvenirs et les émotions de trois quarts de siècle.

THANN, SAINT-AMARIN

WESSERLING ET SES ENVIRONS

THANN, SAINT-AMARIN

WESSERLING ET SES ENVIRONS

Et maintenant, mes amis, après vous avoir tant parlé des Vosges, si vous me demandez quel est de tous nos pays le plus intéressant, je répondrai sans hésiter : c'est la vallée de Saint-Amarin, c'est notre pays. La vallée de Munster est plus pittoresque, plus riche des produits du sol, mais elle a moins de charme et d'attraits que la nôtre. La vallée de Saint-Amarin possède les sites les plus variés, tous les genres d'industries ; elle est embellie par les plus belles montagnes des Vosges. Trois routes remarquables, celles de Bussang par Urbès, de Ventron par Kruth, de la Bresse par Wildenstein, la relient à la Lorraine ; une ville importante, Thann, avec son riche vignoble, sa belle cathédrale et les ruines du château de l'Engelsbourg, en marque dignement l'entrée ; puis vient une

22

série ininterrompue de bourgades qui étonnent l'é-
tranger par leurs demeures élégantes, leur propreté
et leur animation. Un mot sur l'origine ou l'histoire
des principaux centres : descendons d'abord la belle
route de la vallée.

Par une éclaircie de notre horizon, nous apercevons
comme un peuplier gigantesque planant au-dessus
d'un vaste pâté de maisons. Ce peuplier, qui ne grandit
ni ne verdit, c'est la cathédrale de Thann avec sa flèche
hardie, qui produit l'effet le plus imposant.

Jadis une forêt de sapins couvrait l'emplacement
de la ville actuelle; de là le nom de Thann, c'est-à-dire
Sapin (en latin *Pinetum*).

Voici ce que la chronique nous rapporte sur l'origine de cette cité :

Saint Thiébaut, évêque de l'Ombrie, étant sur le
point de mourir sans pouvoir payer une dette à son
fidèle serviteur, l'autorisa à prendre après sa mort
l'unique bien qui lui restât, la bague d'or qu'il portait
à la main. Mais, quand le serviteur voulut se mettre
en possession de ce legs sacré, le doigt de son maître
se détacha avec la bague. Le serviteur prit cette sainte
relique, l'enferma dans la pomme de sa canne, et
s'en alla en pays étranger. Arrivé au milieu de la forêt
qui couvrait alors l'emplacement de la ville de Thann,
et vaincu par les fatigues et la chaleur, il s'arrêta
sous un sapin pour y passer la nuit : c'était au mois
de juillet 1161. Bientôt il tomba dans un sommeil
profond.

Le lendemain, il voulut s'en aller, mais ne put

arracher de terre sa canne, qu'il avait plantée à ses côtés. En vain les habitants des environs vinrent-ils à son secours : impossible de l'ébranler.

Le château de l'Engelsbourg était alors habité par le seigneur de Ferrette. Ce seigneur aperçut trois flammes qui, partant de la cime du sapin sous lequel était planté le bâton merveilleux, s'échappaient vers le ciel. Aussitôt il vint avec les gens de sa suite vers l'endroit où le signe miraculeux s'était produit. Il y trouva les habitants du pays et le serviteur de saint Thiébaut ; tous s'agenouillèrent pieusement, et élevèrent en cet endroit une chapelle qui aurait été la première origine de la ville.

Quant au doigt du saint évêque, il est enchâssé dans un reliquaire de la cathédrale de Thann. Jusqu'en 1847, les habitants avaient coutume d'allumer, à la fête patronale, trois sapins bénits par le prêtre. De nos jours, ceux-ci ont été remplacés par trois cierges qu'on fait brûler dans le chœur de l'église.

La chronique de Thann rapporte aussi que, dans le cours du xv⁰ siècle, il y eut une année où la vigne fut d'une fertilité extrême, au point de fournir deux vendanges : au mois d'août, on récolta un vin excellent ; en septembre, la vigne fleurit une seconde fois, et, au mois de février suivant, on fit des vendanges qui fournirent un vin de qualité moyenne.

Quand l'archiduc Sigismond d'Autriche vendit notre pays à Charles le Téméraire, Thann eut beaucoup à souffrir des cruautés de Pierre de Hagenbach : quatre bourgeois de la ville ayant osé présenter au terrible duc de Bourgogne les doléances de leurs concitoyens, il les fit mettre à mort.

Pendant la guerre de Trente ans, Thann fut pris et repris plusieurs fois par les Suédois et leurs adversaires. La misère y devint extrême; on vit des gens céder une pièce de terre pour un morceau de pain. Même, s'il faut en croire la chronique, on dévora des cadavres, et des mères mangèrent leurs enfants. Ces échos des siècles passés prouvent que notre terre méritait, pour nos aïeux aussi bien que pour nous, la dénomination de « vallée de larmes ». Cependant les maux les plus cruels furent ceux qui suivirent les guerres funestes de ces temps malheureux.

En 1674, les Impériaux s'emparèrent une dernière fois de Thann; mais Turenne les en délogea, et finit ainsi cette longue période de misères. C'est en cette circonstance que les Français firent sauter le château de l'Engelsbourg; la tour principale tomba sans ce briser; on la voit encore maintenant couronner ces belles ruines.

Lorsqu'on se dirige vers le faubourg de Saint-Thiébaut ou du Kallenbach, traversé par la Thur, on a devant soi une colline escarpée, rocailleuse, plantée de vignes jusqu'à son sommet. Les rangées d'échalas se succèdent sans intervalles; mais, quand la hauteur est atteinte, elles font place au lierre antique, qui revêt les ruines vénérables de l'Engelsbourg. Là le voyageur s'arrête en extase devant le panorama qui s'offre à sa vue: les Vosges meurent à ses pieds, et la vaste plaine de Cernay, une des pages les plus mysté-

Ruines de l'Engelsbourg. — Thann.

rieuses de notre histoire, étend à l'infini ses bandes infertiles et ses maquis presque impénétrables; tout autour de vous poussent les fameux ceps dont la sève distille l'excellent vin du Rangen; dans le sillon profond, étroit, produit par les deux chaînes parallèles qui forment la vallée de Saint-Amarin, apparaît la cité si célèbre de Thann, au-dessus de laquelle s'élève, avec une grâce pleine d'audace, la magnifique flèche de la cathédrale. Des collines boisées, des bosquets d'arbres fruitiers, des villes disséminées dans la plaine, des kiosques cramponnés aux vignes, au lointain quelques cimes blanches des Alpes : voilà ce qui captive tour à tour votre attention. Le paysage, pris dans son ensemble, est plus gracieux qu'austère.

Quand de Thann on remonte la vallée, on traverse les bourgs importants de Bitschwiller, Willer et Moosch, qui tous sont encadrés de vergers, ont de deux à trois mille habitants, et possèdent des églises qui sont de vrais monuments; ensuite Saint-Amarin, situé au pied des monts altiers, qui invite l'étranger à un repos de quelques heures. A une faible distance de Saint-Amarin se trouvent les filatures de laine du Kleinaug, en ce moment peut-être les plus importantes de l'Europe.

Le bourg de Saint-Amarin, éloigné de Thann d'environ deux lieues, remonte quant à son origine aux premiers siècles chrétiens. Les rois mérovingiens permirent à saint Marin d'établir sa résidence sur l'emplacement actuel de Saint-Amarin. En 674, le saint ermite, étant tombé gravement malade, fut visité par saint Prix, évêque de Clermont, qui lui rendit instantanément, la santé en faisant sur lui le signe de la croix. L'ermite, reconnaissant, voulut accompagner son bienfaiteur jusqu'à son diocèse; mais en arrivant à Volvic, en Auvergne, ils furent tous les deux surpris par des assassins et massacrés. Les reliques de saint Marin (Amarinus) furent plus tard transportées au monastère de sa patrie d'adoption, qui reçut alors le nom de Saint-Amarin.

Plus tard, Charlemagne céda la vallée de Saint-Amarin à l'abbaye de Murbach, qui la posséda jusqu'en 1789. A cette époque, Saint-Amarin fut le théâtre d'événements graves : les propriétés de Murbach furent dévastées, et le chapitre lui-même dispersé.

Le chapitre de Murbach possédait presque tout le territoire des vallées de Saint-Amarin et de Guebwiller. Or les gens chargés d'administrer ses domaines ne brillaient pas toujours par leur générosité ni par leur sentiment de justice; en outre, les têtes s'exaltaient, car déjà la terrible catastrophe qui devait changer le monde, la révolution française, était à son début; déjà le sang avait coulé dans les rues de Paris : la Bastille, première grande étape de ces événements funestes, venait de tomber le 14 juillet 1789.

Le dimanche 25 juillet, douze jours après la prise de la Bastille, on célébrait la messe dans une petite chapelle à Malmerspach, près de Saint-Amarin. Nombre de personnes qui n'avaient pu trouver place dans l'intérieur s'étaient formées en groupes au dehors. Bientôt l'office divin fut oublié pour les nouvelles

Vallée de Saint-Amarin, vue de Schliffels.

politiques. L'annonce du grand événement qui s'était accompli à Paris douze jours auparavant ne faisait que d'arriver à l'instant même. Aussitôt les têtes s'échauffent; les griefs de chacun servent de thème aux raisonnements; l'orage gronde et se condense : baillis, gardes généraux, huissiers, agents attachés au service des seigneurs de Murbach, tous sont le sujet des conversations et l'objectif de la haine populaire.

Mais on en veut surtout au garde général Breimann. A peine l'office est-il terminé, que toute une avalanche d'émeutiers, poussant des cris de mort et de vengeance, se précipite vers la demeure du garde : elle sera, pour le peuple de Saint-Amarin, la Bastille locale. En quelques instants tout y est pillé, saccagé; on n'y laisse pas même une tuile sur le toit. Quant au propriétaire, on s'en saisit, et déjà il allait subir l'arrêt d'une justice trop sommaire, lorsqu'il réussit à s'échapper. Toutes les maisons dépendant de la seigneurie éprouvèrent ensuite le même sort que celle du garde général.

Les jours suivants, l'émeute ne cessa de grandir. Se portant ensuite vers Wesserling et la haute vallée, elle força tous les hommes valides à s'enrégimenter dans ses rangs. Mais les habitants de Wildenstein refusèrent de prendre part aux troubles, parce que, dirent-ils, nous sommes une colonie suisse établie dans ce pays depuis soixante ans seulement; il n'est pas juste que nous récompensions l'hospitalité par l'agression et la violence. »

Les émeutiers passèrent ensuite dans la vallée de

Guebwiller. Leur nombre ne cessa de grossir en route;
arrivés en ville, ils étaient une colonne de six mille
hommes. Les scènes de Saint-Amarin se renouve-
lèrent à Guebwiller, et y furent même dépassées : tout
ce qui, de loin ou de près, touchait au chapitre fut
dévasté. On défonça d'immenses foudres à coups de
fusil, et la tradition populaire croit savoir que le vin
qui s'en échappa fit marcher un moulin pendant plusieurs minutes.

A Murbach, les propriétés, les monuments historiques, tout fut saccagé. Heureusement le prince-abbé
se trouvait alors à Paris; car on ne respectait ni les
personnes ni les choses. Mais, en son absence, le
premier chanoine du chapitre dut signer un acte de
renonciation à tous les droits sur la vallée de Saint-
Amarin. Les principales dispositions de cette pièce
importante sont :

« Concession et abandonnement volontaire des
droits de la seigneurie de l'abbaye de Murbach en
faveur des communes du bas vallon de Saint-Amarin.

« Ladite seigneurie et souveraineté remet et aban-
donne volontairement à la susdite communauté tous
les droits de défrichements, corvées, chutes d'eau,
impôts sur les poules et les poulets, sur les mouches
à miel, avoine, huile, cire et grosse dîme, etc.

« Les communes n'auront plus d'autre souverain
que Sa Majesté le roi de France. »

Sous le gouvernement du consulat, les forêts de la
vallée de Saint-Amarin furent définitivement adjugées
aux communes.

Que dirai-je de Wesserling, cette reine de la vallée si célèbre par son industrie, dont les produits sont connus dans le monde entier? Quel vaste amas d'établissements, d'ateliers, d'usines, de demeures élégantes! Ici l'étranger ne trouve pas comme ailleurs des fabriques enfumées, dont la vue soulève le cœur de dégoût : des avenues, des parcs, de charmantes promenades, englobent, entourent partout les bâtiments affectés à l'industrie; partout on y jouit de l'air et de la lumière.

A dix pas des ateliers, l'oiseau bâtit son nid au faîte des tilleuls, des sapins et des marronniers; des massifs de lilas et de cytises s'étendent jusqu'au bord des magasins et des comptoirs.

La maison de Wesserling a toujours eu grandement souci de l'instruction et de l'éducation populaires; elle a voué constamment à cette question d'intérêt majeur toute sa sollicitude, et n'a cessé d'encourager directement la jeunesse des écoles.

Un grand ordre règne dans sa vaste administration, et l'on trouve dans son sein bien plus peut-être qu'ailleurs le dévouement et la vraie solidarité. L'étranger y verra une grande famille, et non une agglomération de mercenaires. C'est grâce aux bons principes que professe la maison qu'elle a pu traverser tant de circonstances critiques, comme le blocus continental, du temps de Napoléon Ier, et les différentes crises qui ont attristé les temps plus récents.

En quittant Wesserling, l'étranger fera volontiers

une promenade vers le vallon de Ranspach, où il trouvera, au fond des bois et sous la montagne du Markstein, une cascade très intéressante. Il cheminera constamment entre les gazons parfumés par les fraises, à l'ombrage des vertes forêts, ou le long des pâturages qui s'étendent vers les crêtes sourcilleuses du Markstein.

S'il se dirige vers Mitzach, il longera les ruines du Stœrenbourg. Le manoir féodal a fait place à un beau parc où l'on trouve un lac, de magnifiques retraites au milieu des rochers, des bosquets et des ruines, et beaucoup de plantes indigènes ou étrangères.

Mais suivez-moi de Wesserling vers Husseren, Mollau, Storkensohn et Urbès. Vous verrez d'abord le beau pont de granit élevé sur la Thur, et qui sert de trait d'union entre Wesserling et Husseren. Dès que vous avez traversé la rivière et dépassé, à votre gauche, l'auberge « au Pont-de-la-Thur », vous avancez, à l'ombre des tilleuls, vers l'église de Husseren, entre des maisons grandes et belles, toutes modernes, et des jardins qu'embaument les roses.

La commune de Husseren, dont Wesserling fait partie, a une population de douze cents habitants. Elle possède plusieurs écoles et une belle église gothique datant de 1854. Elle s'étend en forme de croix, entre la petite montagne si romantique du Chauvelin et la colline fleurie du Bankwehr, qui est à bon droit une des promenades favorites des habitants. Un sentier conduit à ce belvédère, couronné d'une statue de la Vierge, élevée en 1875 par les paroissiens de Husseren-Wesserling, et qui porte cette inscription : « Ils m'ont érigée leur gardienne. »

Là votre regard plane avec délices sur tous les villages de la vallée centrale, sur les crêtes majestueuses du Ballon et des montagnes qui l'avoisinent, sur les rochers du Gazon-Rouge et le front verdoyant du Drumont. A vos pieds s'épanouissent des carrés de fleurs plantées dans les mousses, et des bancs invitent les promeneurs à un repos plein de charme et d'enchantement.

Mollau, village de quatorze cents habitants, est beaucoup plus élevé que Lusseren, bien qu'il n'en soit distant que d'un kilomètre. Les touristes aiment à y goûter ses délicieuses truites.

Lorsqu'on se dirige de Mollau vers Storkensohn, on longe le pied de la petite montagne du Chauvelin, et l'on traverse un vallon si romantique, si paisible et si solitaire, qu'on voudrait y demeurer. Vous trouverez dans les forêts et les moraines du Chauvelin une foule de fleurs intéressantes. Croirait-on que dans ce terrain aride en apparence s'épanouissent au printemps, à l'ombre des coudriers et des sapins, de vastes champs de muguets dont le parfum s'exhale jusqu'à la petite route du vallon?

Des rochers crénelés montent à pic au-dessus de ces moraines, et dominent des bosquets de chênes, des touffes de mélèzes et de bouleaux. Au printemps, les gens du pays viennent souvent contempler ce charmant paysage, quand la vallée est embellie de tous les charmes du jour naissant, vivifiée du souffle

printanier et enrichie par une nature riante et poé-
tique.

Le gazon qui couronne la crête du Chauvelin en fait
un vrai jardin : les violettes, les bruyères, les genêts
fleuris, les pieds de chat, occupent chaque parcelle
de terrain ; sous les grands bois qui couvrent le flanc
nord, l'aspérule odorante étend à l'infini ses parterres
aux parfums si délicieux.

Nous commençons de préférence l'ascension de
cette petite montagne si intéressante à Husseren, non
loin des bords de la Thur et au-dessus du rocher poli
qu'on appelle le Glattstein. Nous quittons le chemin
qui conduit à Urbès, pour aborder les mamelons de
verdure qui s'élèvent en douces ondulations jusqu'au
sommet rocailleux et moussu du Chauvelin.

Dès les premiers gazons, les plantes subalpines
poussent à nos pieds ; ici point de fatigues, mais
beaucoup de charmes et de magnifiques retraites.
Chacun de vos pas vous fait apercevoir un village
nouveau, une nouvelle montagne, un recoin masqué
jusqu'alors, un clocher surgissant du creux d'un vallon. Autour de vous tout est gracieux et riant ; quelques rochers montrent, il est vrai, leurs arêtes ébré-
chées par le temps ; mais ils sont à fleur de terre, et
paraissent n'être là que pour vous rappeler des sites
lointains, et cette montagne elle-même n'est, pour
ainsi dire, que la carte en relief des hauteurs environnantes, beaucoup plus altières.

Cependant les éminences, les dépressions se succèdent ; les pâturages parfumés de thym, où viennent

Wesserling, vu des ruines du Stœrenbourg.

brouter non seulement les troupeaux d'Husseren, mais aussi les lièvres de la forêt, ne finissent qu'à l'ombre des sapins; déjà nous approchons du flanc plus escarpé qui domine le Winkel, charmant coin dont nous ne pouvons assez goûter les attraits. Là nous sommes à l'ombre des tilleuls et des arbres fruitiers; trois fontaines, étagées dans l'herbe, ramassent un même filet d'eau, et propagent jusqu'aux prairies la fraîcheur et la verdure.

En jetant les regards sur la vallée, nous y découvrons les jardins et les établissements de Wesserling, la belle église et le village de Husseren, les ruines du Stœrenbourg, les courbes presque géométriques de la Thur, et un admirable horizon de montagnes. Mais quand la hauteur est atteinte, quand tous les vallons avec leurs villages vous apparaissent, quand dix clochers romans ou gothiques étincellent en même temps au soleil, dans un rayon qui ne dépasse guère une lieue, alors on jouit du spectacle le plus propre à charmer les yeux. Et si vous vous trouvez là au lever de l'aurore, à l'heure de la poésie et des premiers hymnes, à l'heure enchantée du réveil, tous vos sentiments sont épurés; votre cœur se dilate au contact du souffle matinal; votre âme se dégage, pour ainsi dire, du corps, monte vers l'infini, et, débordant d'amour, adresse à Dieu un acte muet d'adoration, et à toutes les créatures ce salut chaleureux qui vous échappe sous la pression d'un bonheur sans mélange.

Et pendant que vous êtes en extase, l'aurore gran-

dit ; le fond des vallons vous laisse entrevoir peu à peu
la demeure des hommes ; déjà, sous le jeune feuillage
des bouleaux, les premiers chants ont réveillé les échos
des bois ; déjà l'orient a revêtu sa livrée de pourpre.
Alors dans la haute vallée retentit le son d'une cloche ;
c'est la première voix de l'angélus. Bientôt plus de
dix messagères de la prière et de l'aurore se font entendre, pour annoncer le moment du réveil et de la
première méditation. La brise du matin vous apporte
ce concert doux et mélancolique, et lorsque vous
vous réveillez de votre enchantement, le pic rocheux
du Gazon-Rouge est déjà empourpré à l'occident par
le premier rayon du soleil levant.

Au point de vue de la minéralogie, le Chauvelin est
également très intéressant ; on y trouve plusieurs
mines de fer et de cuivre.

En jetant un regard vers la haute vallée, vous y
remarquez tout d'abord, entre les différents villages,
plusieurs collines complètement isolées ; la plus éloignée et la plus haute porte les ruines du château de
Wildenstein ; mais celle qui produit l'effet le plus gracieux, c'est la colline au sommet de laquelle s'élève
l'église d'Oderen. Toutes ont l'air d'être semées au
milieu des champs fertiles de la vallée. Comment se
trouvent-elles là, sans se rattacher directement à la
chaîne des Vosges? Il serait difficile de répondre à
cette question. Peut-être notre pays a-t-il été jadis un
grand lac, une mer intérieure qui, franchissant finalement ses bornes étroites par suite d'un cataclysme,
a disparu non sans enlever les terres ; seules les col-

lines, avec leur poitrine de granit, auront résisté à l'assaut des éléments.

En regard du Chauvelin s'élève, entre Husseren et Mitzach, la petite montagne intéressante du Brand. C'est aussi un des belvédères les plus fameux de notre pays. On y découvre clairement les Vosges avec leurs belles chaînes de ballons, leurs successions de collines et leurs forêts si poétiques. Ne dirait-on pas que ces dos, ces escarpements boisés, partant des hautes crêtes pour rayonner parallèlement vers le centre de la vallée, sont des coulées de granit solidifiées? C'est au printemps que l'horizon de ces promontoires élevés est admirable, lorsque des milliers d'arbres fruitiers, dispersés aux flancs des montagnes et dans les vergers, sont parés de leur neige de fleurs odoriférantes. Déjà le pied des chaînes majestueuses est couvert d'un feuillage naissant; mais, dans le voisinage des cimes les plus élevées, les arbres sont encore dépouillés, et n'attendent la vie que du soleil d'été.

Mais revenons au sommet du Chauvelin, que nous avions un moment quitté par la pensée. Quand nous nous disposons à redescendre dans la vallée, nous n'avons pour notre itinéraire que l'embarras du choix : une petite demi-heure de marche nous amène soit à Husseren, soit à Fellering, Urbès ou Storkensohn. Dès que l'étranger aura dépassé les premières maisons, il admirera le magnifique parc de Storkensohn, où les fleurs, les eaux du ruisseau, les cascades, les kiosques, les lilas, les hêtres et les sapins, les rochers tapissés de lierre et de pervenches, les coins

ombragés et la lumière, les buissons de myrtilles et
de fleurs des prairies forment un ensemble qu'on dirait fait à dessein pour délasser un moment le voyageur.

Lorsqu'on quitte le parc, en regard des hautes
montagnes du col de' Bussang et des sombres forêts
du Gazon-Rouge, on descend, par un chemin assez
rapide, vers Urbès, dont le clocher surgit du fond de
la vallée; le village même est à vos pieds.

Arrivés au lac d'Urbès, nous ferons volontiers quelques pas pour visiter la pépinière de M. Hans, jardi-
nier très distingué, qui a su convertir une terre de
moraines et de rochers en plates-bandes de légumes
et en carrés de fleurs. M. Hans cultive une foule de
genres différents de sapins, tous les arbres fruitiers,
les fougères de la Chine et du Japon, avec la rose des
Alpes, l'édelweiss, les saxifrages des Pyrénées, et une
foule d'autres plantes exotiques, qui ont trouvé dans
les flancs de ces rochers une nouvelle patrie.

Revenus à Wesserling, nous pouvons prendre deux
fois par jour la diligence pour la haute vallée. Mais,
quelle que soit notre destination, ne manquons pas,
si le temps nous le permet, de faire une promenade
au Dengelberg. C'est une forêt située vis-à-vis de la
porte de Wesserling, et qui fait partie des propriétés
de la maison industrielle.

A peine avons-nous pénétré sous les voûtes du feuillage, que nous sommes en présence d'une foule de
sentiers. Tous montent en pente douce à travers les
bois et sont entretenus avec soin. Si vous arrivez à un

recoin où l'on aime à rêver, au sommet d'un rocher d'où le regard plane avec délices sur les montagnes et la vallée, à un plateau moussu, ombragé, ou à une source murmurante, vous êtes toujours assurés d'y trouver des bancs au service des promeneurs. Tantôt un petit ruisseau fuit à vos côtés; tantôt une fontaine verse son onde dans un bassin auquel viennent s'abreuver des foules d'oiseaux chanteurs, dont ces charmantes retraites sont le paradis; tantôt des degrés vous amènent au sommet d'un rocher, qui est un jardin; d'autres fois un chemin accessible aux voitures vous promène sous les épicéas et les mélèzes, les bouleaux et les pins américains. Ici vous dominez la gare, le bel hôtel de Wesserling, la chapelle, l'avenue plantée de tilleuls et les vastes établissements toujours nichés dans la verdure; là, découvrant le front de la montagne, vous apercevez un troupeau ou une ferme, et vous entendez les sons de la clochette en même temps que le concert dès oiseaux; ailleurs, le sentier vous amène au sommet d'une butte désignée sous le nom pittoresque de « Tour-de-Malakoff »; votre regard, fatigué, pour ainsi dire, d'errer sur le paysage trop riant de la vallée, prend subitement l'essor vers le lointain, contemple la magnifique plaine d'Alsace, vole vers un coin de l'Oberland bernois, et s'arrête aux neiges étincelantes de la Jungfrau.

Dès les premiers jours du printemps, vous trouverez dans ces retraites des foules de fleurs indigènes ou exotiques plantées partout où une racine peut se fixer; vous remarquerez aussi beaucoup d'essences forestières qui viennent de contrées lointaines, et prospèrent sur cette montagne favorisée du soleil.

Quand, au printemps, des milliers de bourgeons se développent sur les branches des charmes, vous diriez une nappe de verdure; les touffes de mélèzes sont surtout admirables. Leurs aiguilles vert tendre réjouissent votre vue longtemps avant que les vétérans des forêts reverdissent, et lorsque enfin les différents arbres se revêtent de leur nouvelle livrée, toute la montagne porte une robe fantastique où chaque groupe d'arbres dessine une figure nouvelle par une nuance différente de verdure. En automne, et jusqu'aux derniers jours de soleil, le charme se renouvelle, et toutes les teintes, depuis le vert le plus sombre jusqu'au jaune d'or ou orange, sont représentées dans ces gracieux paysages.

Si vous descendez vers la porte de Wesserling, vous trouverez des allées sablées, ombragées par des charmes et des bouleaux, et animées par une fontaine jaillissante où poussent, au printemps, les premières perce-neige à l'ombre des bois. Quelques jours plus tard viennent les narcisses des Vosges, sans parler des vastes tapis de pervenches qui étalent partout leurs étoiles d'azur.

Jadis ce pays si charmant n'était qu'une moraine nue et stérile; le travail et une culture raisonnée l'ont converti en jardin.

Vingt minutes de marche vous amènent de Wesserling à Fellering, village de deux mille habitants, où nous contemplerons, au bord de la route, une église gothique que l'on prendrait pour une cathédrale. Elle a été bâtie en 1880, et possède de très jolis vitraux peints.

A peine avons-nous quitté Fellering, que déjà nous voyons devant nous les premières maisons d'Oderen. L'entrée de ce gros village de deux mille habitants est marquée par la chapelle dédiée à Notre-Dame de Bon-Secours; elle s'élève au pied des rochers du Marl, et possède un autel taillé dans un roc de granit. Ce sanctuaire est un pèlerinage très visité, et nous aussi nous n'y passons point sans y recueillir un moment notre esprit et notre cœur.

Qui de vous n'a vu l'église d'Oderen, bâtie au sommet d'une haute colline? Sa tour de grès rouge domine toute la haute vallée; elle plane entre le ciel bleu, la cime des Vosges et la verdure des prairies et des vergers. La colline même qui porte ce sanctuaire est un endroit bien fait pour la méditation : c'est un rocher dont le pied est ombragé par un tilleul vieux de plusieurs siècles, et dont les flancs escarpés nourrissent des touffes de sapins. Autour du temple s'étendent des rangées de tombes taillées dans le roc; ne dirait-on pas une colline de la terre sainte, la patrie de Joseph d'Arimathie?

Au-dessous du rocher coule la Thur; autour de vous se déroule un vaste horizon de montagnes, de villages, de cabanes dispersées, de prairies et de moraines.

Mais continuons notre route vers le village natal. Déjà nous sommes à Kruth, éloigné d'Oderen d'une demi-lieue, et tout aussi peuplé. Ce que nous y remarquons d'abord, ce sont les établissements importants de tissage du Buhl; ils appartiennent à Wesserling.

La commune de Kruth est riche par ses immenses forêts et par l'élève du bétail; elle sera bientôt embellie de fontaines monumentales qui recueilleront, pour les distribuer, les eaux de la montagne.

Enfin, à Wildenstein même, dont le nom signifie « pierre de granit », l'étranger trouvera une foule de sites intéressants. Il y verra les plus vastes moraines des Vosges, des plateaux verdoyants, situés au milieu des forêts touffues et sur des précipices; sur nos montagnes, il visitera plusieurs chalets remarquables, et dans les profondeurs de la vallée il contemplera des cascades retentissantes, dont la plus fameuse est celle du Heydenbad; la Thur y tombe d'une hauteur perpendiculaire de vingt mètres, après avoir brisé ses flots dans un premier labyrinthe de rochers. Et, pour que rien ne manque à ce site sauvage, dont les eaux bouillonnantes et le squelette des rochers font surtout les frais, deux grands étangs peuplés de truites, situés au-dessus de la chute, étendent leur nappe paisible au milieu des dernières prairies.

Au centre de notre village, le touriste verra avec un vif intérêt la mère même de notre petite colonie, l'unique verrerie d'Alsace; elle vient d'être rebâtie et dotée de toutes les améliorations modernes.

Mais je m'arrête là. A vous, qui êtes jeunes, revient le devoir d'attirer l'étranger au milieu de vous, de lui accorder une généreuse hospitalité, et d'honorer partout votre pays natal par la pratique de toutes les vertus domestiques. J'ai tenu à vous parler surtout de ce sol sacré où nous sommes nés et où la plupart d'entre nous choisiront leur sépulture, et que tous nous devons aimer comme notre patrie.

CONCLUSION

Encore un dernier mot. Je ne sais, mes amis, si j'ai
toujours réussi à vous intéresser à mes récits; j'ai
voulu vous dépeindre la vie telle qu'elle se présente,
et vous dire simplement mes peines, mes émotions et
mes plaisirs. La peine et le travail sont inhérents à la
nature humaine; si vous voulez leur échapper, vous
aurez en partage l'ennui et la misère. Croyez-m'en, il
est mille fois plus sage d'accepter la vie telle que la
Providence et la société nous la font que de s'insurger
contre un sort inéluctable.

Et d'ailleurs notre condition nous offre toujours
quelque consolation. Refuseriez-vous de gravir une
montagne parce qu'un sentier raboteux et escarpé y
conduit? Mais au bord de ce sentier vous trouverez
des pelouses où vous reposer; vous foulerez de belles
fleurs que vous cueillerez en passant; vous rencon-
trerez des sources vives pour rafraîchir votre front
brûlant; et, quand vous aurez gravi les hauteurs, vous

jouirez d'un air pur, d'un repos enchanteur et de tous
les charmes d'une magnifique nature.

Ainsi en est-il de notre vie ; au milieu de ses épreuves
et de ses fatigues, elle a aussi ses fleurs et ses instants
de bonheur : c'est tantôt l'œil affectueux d'une épouse
ou d'un enfant, d'un frère ou d'une sœur, le sourire
d'un ami ; c'est le rayon de soleil qui pénètre dans la
cabane du pauvre comme sous les lambris du souverain ; c'est le chant d'un oiseau, le souvenir d'une
heure délicieuse qui a réconforté notre âme, le sentiment du devoir rempli, la joie d'une tentation répri-
mée, le doux murmure d'une conscience qui nous dit :
« Tu as fait ton devoir, » ou : « Tu as réparé ta faute. »

Ainsi, mes amis, aimez le travail, aimez la terre que
vous arrosez de vos sueurs ; aimez l'Alsace ! La fortune
ne sera pas souvent votre partage ; mais qu'importe,
si vous laissez à votre famille un nom respecté et une
réputation sans tache ? Vous n'y arriverez que par
l'accomplissement de tous vos devoirs. Le travail et
la vertu sont les seules assises durables de toute société ; car Dieu ne bénit que ces deux choses : la vertu
et le travail.

FIN

TABLE

Tours. — Imprimerie Mame.

9 782019 912055